Dando testimonio

Ocho semanas en Palestina

Ana Barahona

ISB: 978-1-908099-01-3

Cubierta: pintada frente a una escuela, en Hebrón.

Contra-cubierta: niña palestina a la puerta de su casa, observando a niños del asentamiento israelí.

Todos los nombres han sido acortados y cambiados.

Agradecimientos

Ante todo tengo que agradecer a toda la gente que tanto en Palestina como en Inglaterra posibilitó mi primera visita a Palestina, y que por su seguridad es mejor que no las nombre.

También debería agradecer a quienes han colaborado, y me han animado y ayudado en la edición y publicación de este diario: Jordi, Chris, Ted, Sharron, Gavin, Jon, Tony, Mark y mi madre.

Índice

PRÓLOGO

Hacía ya tiempo que quería ir a Palestina. No es que me haya sentido atraída por la cuestión Palestina ni por la cultura árabe. Como mujer, desapruebo completamente el ostracismo social al que al parecer se relega a las mujeres en casi todas las culturas árabes, y solo viajaría a uno de esos países con gente conocida en quien yo confiase.

Pero recuerdo que de pequeña veía las noticias en la tele sobre el "conflicto" que había en "Oriente Medio", "Territorios Palestinos", "Cisjordania", "Tierra Santa"..., yo pensaba: "ya es pena, es Tierra Santa y ahí están, peleando". Pensaba yo que precisamente allí, la gente no debería pelearse, y menos tener una guerra.

Según fui creciendo empecé a leer más sobre el tema, primero sin ningún interés especial, sólo artículos, lo que caía en mis manos. Y luego, cada vez más escandalizada, pensaba, "¿qué estamos haciendo al respecto 'los ricos del primer mundo?'"

Y luego mataron a Rachel Corrie. Sus escritos se publicaron en el periódico "The Guardian", incluyendo correos electrónicos a su familia. Lo que ella contaba sobre la situación de los palestinos ya no me sorprendía, pero esa fue la forma en que me enteré de que cualquiera puede ir a Palestina a ayudar. Cualquiera, incluso yo. Solo que de ninguna manera iba a ir yo sola.

PREPARACIONES

A. me dice que se va de viaje a Palestina en unas semanas. Ya estuvo allí hace unos meses, y en aquella ocasión le dije que me avisara la próxima vez que decidiera ir. Y aquí está, diciéndome con antelación suficiente que se va de nuevo para unos meses.

Así que creo que debería aprovechar esta oportunidad para no ir completamente sola.

Sugiero que viajemos juntos pero A. descarta la idea rápidamente. Primero explica que la ocupación israelí significa que son las autoridades fronterizas de Israel con las que tenemos que tratar antes de entrar en Palestina. El estado israelí considera a todos los palestinos una amenaza terrorista, y por extensión, quienquiera que apoye la causa palestina. Por lo tanto las autoridades israelíes no permitirán la entrada al país a nadie que sea sospechoso de apoyar la causa palestina. Así que si queremos asegurarnos de que se nos admitirá en el país una vez que lleguemos al aeropuerto, las autoridades israelíes tendrán que estar convencidas de que no somos una amenaza. Si llegamos juntos, nos pondrán en cuartos separados y nos interrogarán buscando contradicciones entre su historia y la mía, así que es mucho más seguro si llegamos en días diferentes.

PRIMERA SEMANA

Primer lunes - **Jerusalén**

Sobre las cinco de la mañana llego al aeropuerto de Tel Aviv. Desde el aeropuerto hay un servicio de transporte a Jerusalén. Consiste en una furgoneta que funciona como un taxi compartido, habilitada con asientos y un espacio para maletas. Sale sólo cuando se han ocupado todos los asientos. El taxista lleva a cada persona a la dirección que le dicen y cada uno paga su viaje al llegar a su destino.

En la carretera del aeropuerto a Jerusalén me llaman la atención las palmeras: montones de ellas, todas en fila, a lo largo de la carretera. En Jerusalén, lo que llama la atención es la blancura de los edificios. En todo Jerusalén, lo mismo en las afueras que en el centro, las casas, viejas y nuevas, están todas construídas con piedras blanquísimas, y todas las piedras son del mismo tamaño, en todas las casas. Hasta la muralla está hecha de esa clase de piedra, como cualquier otro edificio.

Quizás porque soy la única extranjera, o porque soy la única que va a la ciudad vieja, soy la última que deja el taxi. Llegamos al hostal hacia las nueve de la mañana.

Al llegar a la puerta del hostal se nos acerca un hombre preguntando qué buscamos y, al decirle el nombre del hostal donde me hospedo, dice que trabaja allí, y me ayuda con las maletas. Después de acomodarme, se ofrece a enseñarme Jerusalén, pero le digo que sólo quiero encontrar una tienda donde comprar comida. Me responde que puede enseñarme todas las tiendas baratas de comida que al parecer sólo conoce él. Yo me muero por quitarme los zapatos y descansar, pero pensando que estaremos fuera poco tiempo, dejo mis cosas ahí y salgo deprisa para no hacerle esperar. Craso error: el tiempo, o el concepto que tengo yo del tiempo, no existe para la gente aquí.

Me lleva por las calles de la Ciudad Vieja, que en el mapa parecen calles normales pero en realidad son peatonales, llenas de escaleras, cuestas y tiendas que literalmente salen a la calle. Ninguna de ellas es de comida, y para cuando me quiero dar cuenta, estamos en la iglesia del Santo Sepulcro, lo que me alegra y consterna a la vez - ¡sólo le había pedido que me enseñara una tienda de comida! El tío está haciendo de guía turístico y a mí me queman los pies después de un viaje que ha durado doce horas.

Me da una vuelta por la iglesia hasta que mi necesidad de descanso es mayor que el sobrecogimiento y el apuro de cortarle. Le dejo claro que lo que me apetece es perderme sola por la ciudad, pero no ahora. Sobre todo, y urgentemente, necesito comer algo, descalzarme y dormir.

Me lleva entonces a una panadería donde sólo hay un hombre metiendo y sacando pan de pita de un horno - ni mostrador, ni caja -, más bien parece un taller. El "guía" me insiste en que compre un pan cubierto de hierbas y especias y casi me tengo que enfadar para que me dé dos simples panes. Le pregunto a mi "guía" cómo se dice "gracias" y me dice: "sukran". Le digo sukran al panadero y el "guía" sigue hablando, y me dice que es palestino. Me deshago de él por fin y voy yo sola a una tienda que he visto antes a comprar aceite y leche y con la mercancía me voy a mi habitación a desayunar y dormir.

Por alguna razón no puedo dormir, así que me levanto, me pongo las sandalias y salgo de la habitación - debería decir a familia y amigos que he llegado sana y salva.

Hay un ordenador en el vestíbulo del hostal en el que se puede usar internet. Pregunto sobre las condiciones de uso y de paso también pregunto sobre tarjetas de teléfono. El chico del mostrador me habla de una tienda en concreto fuera de la muralla, y allí me voy. Me paso una hora andando, sin ningún resultado: ni una tienda de tarjetas de teléfono encuentro. Pero es un buen ejercicio de estar sola y de paso conocer un poco de la parte exterior de la muralla, lo que parece la parte más occidentalizada de la cuidad en cuanto a tipo de tiendas.

De vuelta en la parte vieja voy a la oficina de información cristiana, que está cerrada a cal y canto. Pegado en la puerta hay un papel donde pone el horario de servicios y misas disponibles de las diferentes sectas cristianas en todo Jerusalén, y en qué idioma se dan. Tomo nota de la iglesia católica más cercana. De ahí me dirijo a la tienda turística donde se puede cambiar dinero y comprar teléfonos móviles y otras cosas electrónicas.

Se me acerca un tendero de otra tienda invitándome a entrar en la suya.

"Lo siento, no puedo", le digo. "Tengo prisa por comprarme una tarjeta de teléfono."

"Ah pues aquí te espero hasta que termines", me dice. Tardo unos veinte minutos en comprar dos tarjetas, una para llamadas locales y otra para llamadas internacionales. Imaginaba que el buen hombre se habría cansado y se habría ido, pero cuando salgo ahí sigue, esperándome.

"Lo siento," digo, "ahora tengo que encontrar un teléfono".

"Desde mi tienda puedes llamar, ven, yo te enseño."

Le sigo a su tienda, y una vez allí me hace sentar en una silla mientras me ofrece té. Reúso porque lo que quiero es hacer una llamada, pero me insiste porque es su hospitalidad y "tengo" que beber algo. Me presenta a su hijo, de unos doce años, que al parecer se hace cargo de la tienda cuando su padre sale a buscar clientes, y se marcha. A los diez minutos de conversación forzada le digo al hijo que si su padre no aparece en cinco minutos me voy a marchar porque tengo que hacer una llamada urgente.

El padre aparece a los diez minutos, habla con su hijo en lo que creo que es árabe, y después de unos minutos más, me mira y me dice:

"Querías té, ¿verdad?"

Le digo que no quiero té, que he venido a su tienda porque me ha dicho que puedo hacer mi llamada desde aquí, pero obviamente eso no es verdad, así que me voy que tengo prisa. Me dice algo rápidamente y con la mejor de mis sonrisas le digo, ya desde fuera de la tienda, en inglés:

"No, todo está bien, gracias". Le intuyo tras de mí diciendo algo y huyo de allí, bastante indignada y con la lección aprendida: el "no thank you" hay que decirlo antes de que les dé tiempo a ofrecerte pasar a su tienda.

Me vuelvo al hotel para llamar y, como es debido, les digo a familia y amigos que sigo viva.

Ahora sí, vuelvo a mi habitación y me echo a dormir. Cuando me despierto salgo hacia la iglesia, que está justo al lado de una plazoleta que parece un aparcamiento de coches. Para llegar a la puerta tengo que entrar por el hueco que deja una barrera para coches. Espero que me paren los guardas de seguridad que están junto a esta barrera pero sólo dicen un mudo "hola" y me dejan pasar a esta plazoleta y después a la iglesia.

Entrando en el edificio que tiene forma de iglesia románica, pero con piedra perfectamente cortada y blanca, como todos los demás edificios, se entra en el vestíbulo de un hotel. La misa se celebra en una capilla en el piso de arriba, al que se accede por unas escaleras laterales. La capilla es toda blanca, con las paredes también de esa piedra característica. No hay bancos sino sillas de mimbre, también blancas, todas pegadas unas a otras, dejando un pasillo en medio, con lo que la sensación es la de cualquier iglesia católica.

Al acabar la misa me acerco a hablar con el cura, que me explica que todo el complejo es propiedad del Estado Vaticano, así que este pedazo de terreno es territorio diplomático y la policía sólo puede entrar con permiso.

Le cuento que he estado esta mañana en el Santo Sepulcro y que no me ha gustado, entre otras cosas por las estructuras arquitectónicas de alrededor, que recuerdan más a las cruzadas y al medievo, y a las divisiones actuales de las diferentes iglesias, que a cualquier vestigio de la época de Jesús. Además no hay tiempo ni espacio para rezar, al menos en el sepulcro; es una gruta pequeña y las colas de gente son grandes, así que no está bien quedarse más de cinco minutos, y esas no son condiciones.

Me dice que hay varias razones por las que casi todos los edificios de los lugares santos datan de después del año 300. La destrucción de Jerusalén del año 125 fue todavía más brutal y destructiva que la del año 70; los romanos no dejaron "piedra sobre piedra". Y los cristianos de entonces no tenían el poder económico ni político para construir en tales sitios. Además, tampoco se concedía mayor importancia a marcar los lugares exactos donde pasaron cosas porque se sabía perfectamente dónde pasó cada cosa gracias a la tradición oral. Y tampoco era tan importante dejar cosas para la posteridad, puesto que aquellos cristianos esperaban ver el final de los tiempos en su generación.

Primer martes - **Metralletas y soldados**

Los ruidos y la luz del exterior me despiertan hacia las siete de la mañana. Cuando salgo a comprar algo para desayunar, el atento señor que ayer de poco me hizo de guía turístico todo el día me ve y me pregunta a dónde voy y si sé el camino. Le digo que sí, gracias, me vuelvo y sigo andando. Le oigo decir "cuando vuelvas, haremos algo hoy". Su inglés no es perfecto y le entiendo que quiere ser mi guía turístico. Me vuelvo a mirarle brevemente sin saber si reír o llorar. No tengo paciencia para pararme y pensar en una manera educada de mandarle al carajo, así que muevo la cabeza y me marcho. Me encantaría contarle a este palestino mi historia y mis razones para estar aquí, pero no puedo arriesgarme a que alguien que sabe dónde me hospedo esta semana me denuncie a las autoridades israelíes.

Una vez en el hostal, pregunto a los otros huéspedes dónde compran la comida, pues he visto una cocina comunal donde podemos cocinar, y me dicen de un mercado de fruta y verdura fuera de la Puerta de Damasco. También me recomiendan que vaya allí andando, por las calles peatonales de la Ciudad Vieja o Ciudad Antigua, dentro de la muralla, como forma de hacer turismo mientras llego hasta allí.

Voy entonces al Cuarto Musulmán como una turista a tiempo completo. Me compro un pan con especias de los que quería el atento señor que me comprase ayer. No son especias, sino un polvo que tiene sabor a hierbas aromáticas y forma de pienso en polvo. Entiendo ahora por qué "mi guía" me quería convencer para que comprase el pan de especias: dos panes de los normales cuestan un shekel, mientras que uno sólo con pienso cuesta cuatro. La mezcla de hierbas y pienso tiene también aceite de oliva y además te lo calientan, con lo que parece sano, está caliente y llena bastante.

Me lo como andando y llego a la Vía Dolorosa, que también tiene bastantes tiendas, y de ahí desemboco en una calle que, según mi mapa, lleva a la Puerta de Damasco. Cuanto más me acerco a la Puerta más hombres hay con barba y el pañuelo palestino, llamado "kheffiyeh", puesto como se lo ponía Arafat, y más mujeres que llevan túnicas de la cabeza a los pies, algunas también con la cara tapada.

Según voy andando, el gentío se convierte en multitud con poco espacio entre una persona y la siguiente, pero de pronto reparo en un chico joven con ropa occidental. No lleva nada en la cabeza, no tiene barba; lleva puesta una camisa blanca occidental y pantalones negros occidentales. Se diferencia claramente del resto de la gente. No estoy segura de si es la ropa lo que me ha hecho mirarle durante una fracción de segundo más que lo que he mirado a nadie más o lo que lleva colgado del brazo y que agarra con la mano. El tiempo se ha parado entre este chico y yo durante esa fracción de segundo. Miro hacia abajo y veo la herramienta negra que lleva en la mano. Tiene el dedo en un gatillo y me doy cuenta de que es una metralleta. Al menos sé que es un arma, negra y muy moderna, mucho más sofisticada que cualquier otra cosa que yo haya visto nunca en las pelis o en los telediarios.

Nadie se ha parado o ha notado nada siquiera. Todos seguimos caminando y el tiempo recupera su ritmo habitual.

Intento seguir el mapa para llegar al mercado de la puerta de Damasco, pero al final hay unos recovecos tales que termino en unas calles que no hacen más que subir y bajar, todo escaleras de piedra, bastante solitario, y me doy cuenta de que me he perdido.

Al doblar una esquina veo cuatro soldados israelíes con uniformes de camuflaje verde hablando con un chico que parece árabe. Los soldados tienen metralletas colgadas al hombro. El chico no tiene armas. Cuatro soldados armados, un chico desarmado, una calle desierta. Según me alejo, me pregunto si no he visto, por una fracción de segundo, un rayo de desesperación en los ojos del chico. Sigo andando por las calles sin pavimentar y subiendo y bajando escaleras.

De pronto al final de unas escaleras tengo que parar para dar paso a una fila de niñas, con su maestra detrás de ellas. Busco a algún profesor delante de ellas pero no hay ninguno; en su lugar va un hombre con un arma al hombro también. Recuerdo entonces alguna noticia oída alguna vez sobre la necesidad de proteger a las niñas judías para que puedan ir a la escuela. Estamos en el Cuarto Musulmán.

Por fin empieza a oírse ruido del tráfico. Eso significa que puedo estar cerca de una puerta, pero sospecho que no es la de Damasco. Salgo y hay un pasillo formado por puestos ambulantes de fruta. Hago mis compras y pregunto en qué puerta estoy y, efectivamente, es la de Herodes, la siguiente a la de Damasco. Ando por fuera de la muralla hacia la puerta de Damasco, en la dirección que me indica uno de los tenderos, llego, entro y me doy cuenta de cómo me he perdido y por qué: no hay ninguna indicación, ni siquiera el nombre de las calles para poder mirar en el mapa.

El mercado aquí consiste, como en la Puerta de Herodes, de dos filas de tiendas móviles formando una especie de pasillo que termina en la puerta, solo que

Fig 1: Saetera en la muralla

Fig 2:Saetera sobre la puerta de Damasco

este es mucho más largo que el de la Puerta de Herodes y los puestos son también más grandes. Y por supuesto la multitud es ahora tan densa como cuando me estaba acercando a la Puerta de Damasco por el otro lado.

Yendo por la calle por la que me he confundido hay unos servicios. Los de los hombres están a ras de suelo, junto a unas tiendas. Los de mujeres están pegados a la muralla, en lo alto, después de unas cincuenta escaleras. Justo fuera del servicio hay una especie de petril donde me puedo sentar. La vista es muy bonita: se ven los tejados de las casas, y la muralla de la ciudad por dentro.

Hay unas aberturas por toda la muralla, saeteras similares a las que hay en los castillos medievales castellanos que servían para defender la ciudad o el castillo, tirando flechas desde allí. Fig 1

La que está justo encima de la puerta de Damasco es más grande que el resto, es más grande que una puerta. Hay un soldado con una ametralladora mirando hacia afuera. Fig 2

Bajo a la calle y paso otra vez por la puerta de Damasco, esta vez para salir. Justo encima de la puerta se ve la apertura donde antes he visto al soldado con su ametralladora. Desde donde está puede ver toda la explanada frente a la puerta, donde hay una gran muchedumbre en ambiente festivo y lleno de color. Justo encima de la puerta se ve la apertura, y el soldado con una ametralladora. Fig 3

Entro dentro de la muralla, donde hay aún más marabunta que antes. Después de dar demasiadas vueltas intentando encontrar la Iglesia del Sepulcro, sigo a unos italianos que están haciendo el Vía Crucis con su cura, parándose en cada estación y rezando y cantando. Son una atracción turística en sí mismos. Les sigo porque el Vía Crucis termina en la Iglesia del Santo Sepulcro, que es a donde quiero ir.

Una vez que llegan a la iglesia y terminan de rezar, dejan de ser tradicionales peregrinos para convertirse en muy modernos turistas. Me preparo para sacar algunas fotos yo también. Busco en la mochila y me doy cuenta de que me han robado la cámara de fotos. Sigo "trabajando" con la de vídeo intentando no pensar demasiado en la que me han robado.

Al salir veo que A. me ha mandado un mensaje: está aquí en Jerusalén, y ahora está en su hostal descansando. Salgo del entramado de pequeñas calles con prisa para ir a verle.

Cuando llego al hostal de A me doy cuenta de que está en mucha más ebullición que el mío. De hecho A. está saliendo cuando yo llego, y no somos más que dos de las muchas personas subiendo o bajando las escaleras que dan a la calle. Me presenta a un par de personas como sus amigos y salen, dejándome que me quede dentro esperándoles. Cojo un libro y leo hasta que un chico español viene y me habla. El está de voluntario en un pueblo palestino y también está en Jerusalén descansando, como A. y sus amigos. Vuelven y hablamos todos juntos.

A. quiere volver a Ramala mañana y me sugiere que vaya con él, pero sus amigos dicen que será muy difícil viajar mañana y le aconsejan que lo deje para pasado mañana. Nos dice que así lo hará, y que me llamará para que vayamos juntos.

Les cuento mis primeras impresiones y me dicen que toda la Ciudad Vieja entra dentro de lo que los medios de comunicación de masas llaman "East Jerusalem", que se traduce como "Este de Jerusalén" , o "Jerusalén Este", para diferenciarlo de "Jerusalén Oeste". Según algunos tratados internacionales, "Jerusalén Oeste" correspondería a Israel, mientras que "Jerusalén Este" sería la parte que los palestinos tendrían como su capital si el Estado de Israel respetase los tratados que ha firmado. Sería una situación de una Jerusalén dividida entre Israel y Palestina, una vez que Palestina fuera reconocida como país.

Fig 3: Puerta de Damasco.

Primer miércoles - **La majestuosa Jerusalén**

A. se ha ido de Jerusalén solo y yo me quedo haciendo más turismo. Me dirijo hacia el monte Sión, hacia el sur de Jerusalén, buscando la Tumba de David y el Cenáculo. Me pierdo por un parque y me encuentro con un edificio de piedra en medio de la vegetación con una abertura de arco en su base, sin puerta, y me pregunto qué hará una casa tan abierta en medio de la nada. Atisbo dentro y al ver que no hay nadie me aventuro de una sala a otra; al cabo de dos o tres salas veo un cartel que dice "Tumba de David".

Lo que se supone que es la tumba de David está dividido en dos partes por un panel, para que una mitad la visiten los hombres y la otra mitad la visiten las mujeres sin tener que mezclarnos.

En la parte de arriba de otro edificio, después de atravesar varios jardines, está el Cenáculo o "Sala de la Última Cena". Se nos dice que también aquí se presentó Jesús a sus discípulos después de resucitado, y que aquí ocurrió Pentecostés y nació y vivió la Iglesia primitiva.

Todos estos lugares que he visitado tienen bastante poco de religiosos y bastante mucho de turísticos. No son lugares que inviten a rezar. Hay demasiado trajín de turistas que, como vienen para unos días, llegan, esperan en la cola hablando en alto de cualquier cosa, entran, echan la foto y se van; siguiente atracción, por favor.

En cualquier caso, y ya que estoy aquí, sigo con mi propio "tour". En el mismo complejo de jardines, patios y edificios hay un memorial por las víctimas del Holocausto, que es simplemente una salita toda de piedra, como todo aquí, blanca, con un señor viejito que da velitas a cambio de una donación, y con una especie de altar a la altura de la cabeza, pequeño; justo da para poner las velas sin que se ennegrezca la piedra con el humo. Nada más. Pongo la vela con la intención de que sea por todas las víctimas de todos los holocaustos y me largo - siguiente atracción por favor.

Me dejo llevar por cualquier camino que no haya visto antes y acabo en un aparcamiento con unos autobuses enormes aparcados. Sigo la carretera que han debido de usar esos autobuses para llegar aquí bordeando la muralla de la ciudad. La carretera es diminuta y hace curvas cerradas. En algunos sitios el espacio entre la carretera y la muralla es tan estrecho que acabo sobre la muralla para dejar sitio a los coches.

Llego al final de esta carretera tan empinada, que desemboca en una especie de control policial, para pasar a la Explanada del Templo y el Muro de las Lamentaciones. Casi toda la gente que entra lleva la cabeza cubierta. Todos, o casi, son judíos ortodoxos, con sus abrigos y sombreros negros. Aminoro la marcha discretamente esperando ver a algún turista. No quiero arriesgarme a que no me dejen entrar por ser mujer llevando pantalones, la cabeza descubierta y una cámara. Cuando veo que dejan pasar a un grupito de turistas con cámaras al cuello y nada en sus cabezas, me voy tras ellos. De nuevo, los hombres tienen una entrada y las mujeres otra. Nos miran los bolsos y nos pasan por puertas de las que pitan.

Una vez dentro hay un cartel tan grande como una señal de carretera con las normas de comportamiento para que las podamos leer todos. A partir de este momento y durante todo el resto del día empiezo a ver gente armada por todas partes, algunos vestidos de militares con metralletas normales, otros de paisano con armas raras. Pero la gente pasa de ellos. Parece que son conscientes de que estas armas son para proteger a la multitud de un ataque potencial, y no como en la Puerta de Damasco, donde las armas están preparadas contra la muchedumbre árabe.

La explanada está dividida y claramente delimitada en diferentes partes. La mitad de ella, más alejada del Muro de las Lamentaciones, es donde se permite la entrada a todo el que quiera, y por tanto es la que más llena está de turistas. Tiene poco interés para los judíos que vienen aquí por motivos religiosos. Luego está la otra mitad, más cerca del muro, que se usa propiamente para rezar y lamentarse. Esta explanada está dividida a su vez en dos. Una enorme, en la parte de la izquierda según se mira al Muro, es solo para hombres judíos. La última parte, el área más pequeña de todas, es para mujeres. Sólo es una pequeña esquina, en la parte de la derecha, mirando al Muro.

Se dice que este Muro de las Lamentaciones es lo único que queda del "Segundo Templo", que se levantó sobre las ruinas del de Salomón. Oficialmente se le llama el Muro Oeste de ese templo. Esto no concuerda con la versión de la Historia que dice que los romanos no dejaron "piedra sobre piedra" la segunda vez que destruyeron este templo.

Al otro lado del muro, es decir donde antes estaba el Templo original, se levanta ahora una explanada con varios edificios, entre ellos la Gran Mezquita y la Cúpula de la Roca, desde donde se cree que el profeta Mahoma ascendió al cielo cuando murió, así que es el tercer lugar más sagrado para el Islam. Algunos judíos piensan que es una aberración que esa cúpula esté ahí, porque es el sitio del Templo Sagrado y del Santo de los Santos.

Salgo de la explanada para ir a la Ciudad Vieja e intento encontrar una entrada a la mezquita, pero acabo de nuevo en la Vía Dolorosa, frente a la puerta de San Esteban (o Puerta de los Leones), que es la que da al Monte de los Olivos. Como esa era la siguiente atracción turística en mi itinerario de hoy y empiezo a estar cansada, decido dirigirme allí en vez de seguir vagando buscando una entrada a la mezquita.

En este monte hay varias iglesias. El mapa que llevo es lo suficientemente bueno para decirme aproximadamente donde están, pero no para decirme cómo llegar a ellas. Y no hay un alma a quien preguntar, así que me meto por unos caminos que creo que llevarán al menos a alguna de ellas y acabo primero en un cementerio musulmán y luego en uno judío. Encuentro un poquito de sombra y me siento, descanso, y contemplo la Ciudad Vieja de Jerusalén, o más bien la parte del muro que puedo ver desde aquí, y los tejados - y la Cúpula - al otro lado de la muralla. Desde aquí, sí parece una ciudad en lo alto de una montaña, tan majestuosa como se describe en los libros sagrados. Fig 4

Mirando a Jerusalén desde esta posición silenciosa, reflexiono sobre todo este "problema palestino" y me parece que todo se resume en esa mezquita levantada ahí, en ese suelo que para la religión judía es suelo santo, que ha sido invadido por esa otra religión que ha plantado ahí su mezquita. Para los judíos sionistas, lo que hay que hacer es desmantelar esa mezquita y dejarles a ellos levantar un templo donde debería estar el "Santo de los Santos", en el mismo lugar donde un día descansó el Arca de la Alianza. Pero este sitio es santo también para los musulmanes porque Mahoma ascendió al Cielo desde la Roca, que además es la roca a partir de la cual el resto del mundo fue construido, así que los judíos deberían construir el templo en otro sitio, si quieren, y si no, que se sigan lamentando al otro lado de su inventado Muro Oeste.

En otras épocas la solución habría sido simplemente expulsar a poblaciones enteras, no dejarlas entrar más y destruir sus lugares santos. Ahora no es posible hacer eso, sin que alguien ponga públicamente el grito en el cielo.

Quizás el gobierno de Israel esté intentando limpiar el país de musulmanes para luego decir que total la mezquita estaba vacía y por tanto no tenía sentido que siguiera en pie. Quizás un hipotético gobierno musulmán querría hacer lo mismo con los judíos. La idea que parece más común incluso entre judíos "moderados" es que sí que los árabes han estado aquí cientos de años, "pero nosotros estuvimos antes".

Dedicaré el resto de la semana a hacer viajes de un día para visitar lugares santos y el sábado salgo para Ramala.

Fig 4: Vista de la Ciudad Antigua de Jerusalén.

Primer sábado - **De Jerusalén a Ramala**

Según los tratados internacionales, Jerusalén Oeste están en Israel y Jerusalén Este está en Palestina. En realidad no hay frontera para los ciudadanos israelíes entre Jerusalén Este y Oeste. Para los palestinos es una historia totalmente diferente. La mayoría no tienen ninguna nacionalidad en absoluto. Puede que tengan un pasaporte palestino, pero si quieren usarlo para viajar, bien a Israel o bien al extranjero, necesitan un permiso especial de las autoridades israelíes, y éstas pueden concederlo o no, arbitrariamente. También tienen que pedir un permiso especial para viajar a Jerusalén Este, la parte de Jerusalén que la comunidad internacional, en sus tratados, ha garantizado a un futuro Estado de Palestina. Cuando las autoridades israelíes conceden este permiso, tiene que ser renovado periódicamente si la persona palestina en cuestión quiere viajar a Jerusalén después de que ese permiso haya caducado.

Así que es comúnmente aceptado entre palestinos e israelíes que Jerusalén entero está en Israel, no Palestina. Esto es contrario a resoluciones de la ONU y acuerdos posteriores, pero las normas y costumbres impuestas por Israel así lo han establecido.

A la mayoría de la gente palestina simplemente nunca se le concede permiso para ir a Jerusalén. Puesto que algunas personas de las que nos van a dar una charla sobre Palestina pertenecen a este grupo, los visitantes internacionales que queremos asistir a esta charla tenemos que salir de Jerusalén para ello.

Me apunto a un grupo de tales internacionales y tomamos un taxi-bus que nos llevará a Ramala. Normalmente se tardaría menos de una hora en uno de estos taxis, pero hay un "checkpoint" o control militar a mitad de camino más o menos y que hará el viaje al menos una hora más largo.

El taxi-bus es como el que cogí en el aeropuerto, solo que aquél tenía matrícula israelí, y éste tiene matrícula palestina. Las matrículas palestinas tienen caracteres negros en fondo blanco o blancos en fondo verde. Números latinos ocupan la mayor parte de la matrícula y a la derecha hay un pequeño espacio para una "P" también latina y una letra árabe. Las matrículas israelíes son casi idénticas a las de la Unión Europea, sólo se diferencian fijándose bien. Tienen una pequeña bandera israelí en vez de una bandera de la UE, y en el espacio para la inicial del Estado miembro hay un "IL". El resto es igual: números y letras latinos sobre fondo blanco.

Según nos acercamos al control militar de Qalandia montados en el taxi, el Muro del Apartheid corre paralelo a la carretera y es realmente horrible. El muro que podemos ver desde el taxi tiene "sólo" cinco o seis metros de altura. En otras partes puede tener hasta nueve.

Lo peor es la sensación de destrucción a su alrededor. Parece como si aún estuvieran construyendo la carretera por la que vamos. Me dicen que en realidad la están "destruyendo". Cuando llevamos unos cinco minutos viendo basura y escombros a un lado y el muro en el otro, la carretera se separa del muro. Según seguimos viajando, a nuestra izquierda, en la dirección contraria, veo una especie de control policial donde se para a los coches durante uno o dos segundos y luego se les deja marchar. A esos coches parece que sí se les deja pasar por este control.

Parecen más nuevos y limpios que este taxi o cualquier otro vehículo palestino que he visto hasta ahora. Alguien nota que todos esos coches a los que se deja pasar tienen matrícula israelí. No hay ningún vehículo con una "P" en la matrícula en la fila de los que dejan pasar por el control.

Se me explica que la gente con "pase" israelí puede pasar el control sin problema, pero la gente sin ese pase (especialmente palestinos, pero también extranjeros y cualquiera que no tenga ese pase) no puede pasar por este control en coche. Así que no se permite pasar por el control militar de Qalandia a coches palestinos. Sólo hay una manera para pasar por el control para un palestino: montarse en un taxi, dejarlo en el lado del control militar por el que llega, luego andar, y luego coger otro taxi al otro lado.

Así que el taxista nos para antes del control para peatones y anuncia que esta es la última parada. Cogemos nuestros bártulos y vamos andando, primero entre otros taxis que han tenido que parar y dejar ir a sus pasajeros, luego por un camino de barro. A mi izquierda, mientras camino por el barro, está la carretera perfectamente pavimentada que nadie puede usar excepto los coches israelíes. A mi derecha, a mi lado, hay una verja alta. Al otro lado de la verja hay una carretera también perfectamente pavimentada con edificios y vehículos y aparcamientos modernos, patrullados por soldados armados que nos miran con indiferencia, mientras seguimos a duras penas por el barro, intentando pisar en tierra endurecida y no hundir los pies demasiado en el barro al andar.

También hay soldados en este lado de la verja. De hecho están por todas partes. Observo a mi alrededor y mi vista se para en un soldado que está empujando a un chico, que parece palestino, contra la verja, golpeándolo. Exactamente igual que cuando vi al chico con la metralleta extraña cerca de la Puerta de Damasco, el tiempo parece haberse detenido, el corazón lo tengo paralizado y, mientras mis piernas caminan sin que yo las mande, mis ojos se quedan fijos en el soldado y en el chico. Cuando el soldado deja de pegarle, el chico simplemente se va. Mis ojos continúan fijos en el chico. No parece herido, sólo mira alrededor y no dice nada, no se queja. Sigo caminando y finalmente yo también miro alrededor. No parece que nadie se haya percatado del suceso.

Llegamos a unas puertas giratorias que consisten en barras de hierro. Sólo hay suficiente espacio para una persona y una mochila cada vez. Cualquier cosa más hay que tirarla por encima de la puerta y recogerla del suelo en el otro lado. Tenemos suerte de estar viajando en grupo y poder cogernos las bolsas unos a otros. Me pregunto qué hace la gente cuando necesitan llevar cosas más grandes, cuando necesitan mudarse de casa... Transportar muebles o cosas frágiles en estas condiciones es simplemente impensable.

Llegamos a una pequeña explanada donde hay un montón de taxis esperando a la gente que ha pasado por el control. Así que hemos pasado. Nadie nos ha revisado, ni a nosotros ni a nuestro equipaje. Imagino que lo que sea que llegue a territorio palestino no es asunto de los soldados, y el único propósito del ejercicio de control es retrasar el viaje de cada persona al menos una hora, a no ser por supuesto que a un soldado le dé por pegarte.

Todos los taxistas nos llaman e intentan captar nuestra atención a voces. Me hago consciente de que lo que les atrae de nosotros no son nuestras caras bonitas, sino nuestra pinta de extranjeros. Para ellos un extranjero significa dinero fácil. Como dice uno del grupo, somos "dinero andante" para ellos.

Dentro de unos días iré a ayudar a recoger aceitunas, que me han dicho que es muy bonito, por la actividad en sí y porque la sola presencia internacional hace que familias enteras puedan recoger las aceitunas de sus propios olivos, pues en circunstancias "normales" la presión y el acoso de militares y colonos hace la tarea imposible.

Primer domingo - **Los tres sistemas legales**

Voy a una sesión de información sobre la situación en Palestina y esto es lo que merece la pena destacar aquí.

Hay tres sistemas legales, completamente separados: el civil, el militar y el del Ministerio del Interior.

El sistema civil es para los israelíes, incluyendo árabe-israelíes, pero los palestinos prefieren no usar este término. Dicen que los árabe-israelíes son simplemente palestinos con una nacionalidad y derechos bajo el Estado israelí. El resto de palestinos, incluídos los samaritanos, son simplemente palestinos, sin derechos.

Ser ciudadano israelí significa tener derechos. Si un ciudadano israelí es arrestado, tiene que ser presentado con cargos en veinticuatro horas o si no, puesto en libertad. En ese sentido es similar a un sistema democrático occidental. La persona arrestada tiene derechos, como una llamada de teléfono, un abogado... Sólo se le puede mantener bajo custodia, sin una orden judicial, hasta un máximo de veinticuatro horas. Con la orden, el máximo es de treinta días. Este es el sistema civil.

El sistema militar es para los palestinos. A la persona palestina acusada se le puede mantener bajo custodia hasta ocho días sin una orden judicial y se nos dice que hay un proyecto de "ley" para ampliarlo a cincuenta días. Con orden judicial no hay máximo de días que puede estar sin ver a un juez o un abogado. También se nos dice que esa orden judicial para poder tener incomunicado a un palestino arrestado durante más de ocho días y sin límite se da rutinariamente.

Hay audiencias delante de jueces en los tres sistemas legales. En el sistema civil las audiencias funcionan de forma similar a lo que conocemos sobre las audiencias en la Europa Occidental. En el sistema militar, las audiencias con el juez sólo son el paso burocrático y rutinario para tramitar la orden judicial para mantener a un palestino detenido indefinidamente, y es normalmente automático.
El tercer sistema es para los extranjeros. No se creó pensando en los "observadores de derechos humanos" internacionales como nosotros, sino en los trabajadores ilegales que venían de países vecinos. Esta otra historia también es interesante. Cuando comenzó la ocupación, a los palestinos se les dieron unos documentos que acreditaban que tenían permiso para trabajar en Israel, es decir, donde habían trabajado siempre, pero que ahora era territorio israelí.

Entonces en cierto momento, todos estos permisos se revocaron. Cientos de miles de palestinos se quedaron sin trabajo. La economía que existía antes de 1967 en Palestina fue completamente destruida por Israel, pues los palestinos ya no podían trabajar en las fábricas israelíes, a donde habían tenido que ir a trabajar después de que Israel les expropiara sus tierras a la fuerza. Y esto incluyó Gaza, el territorio más densamente poblado del mundo.

Para sustituir a estos trabajadores palestinos, se permitió la entrada de trabajadores de países vecinos, a los que se les pagaba una miseria tal que preferían cobrar 'bajo cuerda' y convertirse así en trabajadores ilegales, pero cobrando un sueldo digno. Así que se creó un nuevo marco legal para tramitar deportaciones, etc., y es el sistema que se nos aplica a los internacionales. Se puede recurrir al sistema civil, pero en realidad lo que se recurre no es la deportación en sí, sino sólo sus términos.

Los palestinos juzgados en el sistema militar también pueden recurrir al sistema civil. Sin embargo no hay demasiada esperanza en un sistema donde la única gente capaz de llegar a ser juez son judíos sionistas - gente que cree que todo judío tiene derecho a retornar a Israel incluso si eso significa desplazar a cualquiera que esté viviendo ya allí.

En el sistema civil, para israelíes, se ha de demostrar que el acusado es culpable para encarcelarlo. El acusado sólo puede estar detenido veinticuatro horas como máximo antes de ponerlo ante un juez, aunque se puede pedir al juez que lo extienda, hasta un máximo de treinta días. La fiscalía tiene que demostrar que es culpable, como en sistemas occidentales.

En el sistema militar, para los palestinos, es la defensa la que tiene que demostrar que el acusado es inocente. La fiscalía alega rutinariamente que hacer saber los cargos a la defensa significaría revelar "Secretos de Estado", por lo que muchos palestinos nunca llegan a saber de qué se les acusa. La "tarea" es demostrar que el palestino arrestado es "inocente" de "cualquier cosa" que se pueda pensar.

Los palestinos pueden ser interrogados sin abogado presente y sin cargos durante 8 días, y una vez que se ha solicitado una orden judicial para extenderlo no hay límite de tiempo para interrogarlos. Los jueces son militares también y esta orden es muy raro que no se conceda.

Algunas veces los detenidos lo son por un crimen que aún no se ha cometido. Cuando un palestino es acusado de un crimen que no se ha cometido "pero que podría cometerse", la información que ha llevado hasta el acusado se considera información secreta, guardada en un expediente secreto. Los cargos son secretos, o simplemente que podría hacer algo que pudiera comprometer la seguridad del Estado. El acusado puede tener un abogado pero el abogado no puede saber los cargos. Y, en cuanto al lugar de detención, suele ser una tienda en el desierto.

Estos tres sistemas tienen leyes diferentes, tribunales diferentes y fuerzas policiales diferentes. Está la policía regular israelí para los israelíes, el ejército, y la policía fronteriza. La policía regular israelí normalmente se mantiene en el territorio oficial del Estado de Israel. El ejército y la policía fronteriza se suelen dejar ver en los territorios palestinos ocupados ilegalmente por Israel.

En los territorios ocupados palestinos también está la policía palestina, pero no tiene ningún poder real. También me cuentan que el ejército ha disparado en ocasiones a policías palestinos - para ellos no son más que palestinos armados, por lo tanto terroristas - por lo que nunca se ve ningún policía palestino cerca de un control o coche militar.

Así que en estos territorios ocupados palestinos, el poder policial real lo tienen la Policía de Fronteras y el Ejército Israelí, que tiene como misión defender a los israelíes que vive en la ocupada Palestina, los colonos. Esto tiene las siguientes consecuencias: si un palestino tira piedras a colonos, los soldados tienen el deber de defender a los colonos, por lo que tienen potestad para detener o incluso disparar al palestino. Si son los colonos los que tiran piedras, o disparan a palestinos, su deber es aún defender a los colonos. Lo que suele pasar es que los colonos dirán que el palestino, o el internacional, les atacó antes y que actuaron en defensa propia. Por supuesto tanto soldados como jueces creen invariablemente a los colonos. No es raro que los colonos ataquen a palestinos, o incluso que los maten, y se vayan fácilmente de rositas. La mayoría de las veces ni siquiera son detenidos.

Además de las peculiaridades legales, se nos instruye también sobre algunas culturales. Por ejemplo, cuando nos sentamos con palestinos, nunca se les debe mostrar la suela de los zapatos. Se considera un gesto muy insultante.

Se nos pide que respetemos su cultura incluso si no la entendemos. También se nos pide que no cuestionemos las diferencias entre hombres y mujeres.

A las mujeres se nos pide que nos abstengamos de fumar en público y que llevemos mangas largas y pantalones largos (no faldas largas porque nos pareceríamos demasiado a las colonas israelíes). Se nos dice que, si llevamos ropa atrevida, nosotras solo notaremos miradas y comentarios, pero la gente se quejará seriamente a los palestinos que trabajan con nosotros. A los hombres se les dice que las reglas son mucho más relajadas para ellos, pero se les pide también que fumen solo en privado y lleven mangas y pantalones largos, en solidaridad con nosotras.

También se nos aconseja que siempre aceptemos su hospitalidad, aunque algunas veces nos puede resultar arrolladora. Cuando nos estamos hospedando con una familia, nunca, nunca debemos llevar comida con nosotros. Sería una ofensa hacer eso; sería como decirles que su comida no es digna de nosotros.

Otras cosas que son interesantes a destacar son:

- Hay unos setecientos (700) controles militares en las carreteras de Palestina.
- Desde la evacuación de Gaza, los controles militares itinerantes han aumentado en un 300%, según Naciones Unidas.
- Para los palestinos, los colonos son más peligrosos que los soldados. A menudo llevan armas y siempre con balas de verdad, no balas de goma o botes de gas lacrimógeno como los soldados. Y los colonos más peligrosos son los niños porque tienen total inmunidad: hagan lo que hagan no pueden ser arrestados.

Bi'Lin

Después de esta sesión de documentación se nos pide que vayamos a una ciudad donde hace falta gente, Bi'Lin. En esa ciudad hay una manifestación todos los viernes en protesta contra el muro, que ha sido condenado por la "omunidad internacional".

Sin embargo las manifestaciones contra ese muro se consideran ilegales, o al menos el ejército no las considera aceptables. Estas manifestaciones suelen ser atacadas por colonos y soldados, por lo que normalmente se requiere la presencia de internacionales para que los ataques no sean tan violentos. Se nos dice que los colonos tienen la costumbre de romper las cámaras de los internacionales y que si nos quejamos dirán que les hemos atacado primero y nos arrestarán a nosotros sin ninguna duda. Al parecer no se permite volver otra vez a ningún extranjero que haya sido arrestado en Palestina. Así que el consejo es no acercarse a ellos, evitar que se acerquen a nuestras cámaras y tener cuidado al filmar.

Ahora nos enteramos de que han mandado cierta carta donde dicen que el ejército permitirá la manifestación siempre que no se tiren piedras (no recuerdo si había alguna condición más). La respuesta al parecer ha sido que nunca se ha pedido permiso para hacer la manifestación. Los palestinos, como las Naciones Unidas, piensan que el ejército israelí no debería estar ahí en primer lugar, y por tanto no debería estar en posición de permitir o prohibir una manifestación.

Lo que al parecer ha estado pasando últimamente es que el ejército ha hecho incursiones por la noche, forzando su entrada en las casas y deteniendo sobre todo niños, sacándolos de sus camas. La función de los internacionales es salir, filmar y fotografiar estas acciones del ejército. La presencia de los internacionales no evita las incursiones ni las detenciones, pero normalmente hace que al menos no sean tan violentas.

Así que allí nos vamos, dos chicas y dos chicos, a pasar la noche en compañía de varios activistas israelíes que también entienden la locura de la ocupación como lo que es. Nos cuentan lo que está pasando, decidimos quién hará qué en caso de tener que salir, y en caso de que arresten a alguien, y nos vamos a dormir, esperando no ser necesarios después de todo.

Segundo lunes - **Nablus**

No hemos tenido que salir a documentar nada. Muy probablemente, creemos, se habrá corrido el rumor de que esta noche también habría internacionales y lo habrán dejado para otro día.

Nos levantamos pronto y, después de hacer el macuto rápidamente, vamos a una ciudad donde se necesita ayuda para recoger aceitunas. Vamos un grupo grande, y cogemos un autobús de línea porque, dicen, en autobús es mucho más improbable que nos paren y hagan preguntas. De todas formas, preparamos una "historia" por si nos paran. No podemos decir realmente lo que vamos a hacer en Nablus porque se considera acto de terrorismo ayudar a familias palestinas.

No es que se necesite mano de obra barata para cosechar; es que aquellos que tienen tierras cerca de asentamientos colonos israelíes sufren un serio acoso por parte de esos colonos. Varios campesinos han sido apaleados y también se les han robado cosechas una vez recogidas. Les han llegado a robar hasta los burros que usan para transportar las aceitunas al final de un día de trabajo.

Durante nuestra estancia en Nablus nos hospedaremos en el barrio de Balata, y, a menos que haya incursiones del ejército israelí, viajaremos a diario a donde quiera que más se necesite ayuda para la cosecha. Balata mismo es de hecho un campo de refugiados dentro de Palestina, lleno de gente que fue desplazada a la fuerza de las tierras de las que eran propietarios y en las que sus familias habían vivido durante siglos, para hacer sitio al Estado de Israel. Esto pasó hace unos años ya, y Balata está ahora habitada por los hijos y nietos de los primeros refugiados. Antes de ser desplazados vivían principalmente del producto de sus tierras. Entonces éstas les fueron requisadas a la fuerza y se les obligó a vivir en tiendas de campaña en campos como éste. Ahora aún viven en el mismo campo de refugiados, solo que las Naciones Unidas les ha construido casas. Debido a la situación económica creada por el estado israelí, sólo pueden vivir de la caridad internacional. La frase "derecho al retorno" se refiere a refugiados como éstos. Algunos israelíes piensan que el "derecho al retorno" de estos refugiados no merece ni discusión. De hecho algunos piensan que esta gente no debería ser llamada "refugiados" porque los desplazados fueron sus padres o abuelos, no ellos.

Nos reunimos con algunos internacionales más en Balata y nos llevan por un "tour" dentro del campo de refugiados. Los niños nos paran diciendo "¡Hola!" y "¿Cómo te llamas?", en inglés, probablemente sin saber exactamente lo que están diciendo, porque les contestamos y les devolvemos la pregunta y se quedan callados de repente. Los hombres viejos sonríen o simplemente nos miran y algunos niños más mayores nos gritan: "¡Bienvenidos!".

Nos dicen que de hecho hay varios, puede que diez, campos de refugiados como Balata alrededor de Nablus. Alojan a algunos de los desplazados de los años cuarenta y setenta, gente palestina que habían estado viviendo desde tiempos inmemoriales en lo que luego se convirtió en el territorio internacionalmente aceptado como Israel, y que fueron desalojados de forma masiva de todo Israel para hacer sitio para los judíos que volvían de la Diáspora. Empezaron teniendo que vivir en grandes tiendas de campaña y ahora viven en casas construidas por la ONU demasiado pequeñas para estas grandes familias. Es alucinante cómo en estas terribles circunstancias la gente ha seguido teniendo fe e hijos. Muchos hijos por familia. Las escuelas y los hospitales los lleva una agencia de las Naciones Unidas, pero hasta ahí es donde llega la intervención de las Naciones Unidas.

El campo entero, que se parece a cualquier pueblo pobre, está lleno de pinturas y fotos de "mártires", hombres y niños que han sido matados por soldados o muertos en cárceles, pegados a las paredes o colgando de cuerdas sujetas a dos ventanas opuestas. Nos dicen que rara es la familia que no tiene al menos un miembro en la cárcel o bien matado por el ejército israelí.

En la mitad del "tour", se nos invita a una de las casas a tomar té. La familia entera se afana en poner sillas alrededor de una mesa diminuta que en seguida se llena de vasos y té.

Hay algunas fotos en las paredes. La más grande es un "collage" de retratos de hombres contra un paisaje que ya estoy empezando a identificar como palestino: tierra de color árido pero llena de vegetación, aunque sea sólo por partes. La segunda foto más grande es de la Cúpula de la Roca de Jerusalén.

Hombres y mujeres, pero sobre todo mujeres, se sientan en el suelo o en sillas más pequeñas que las que nos ponen a nosotros los extranjeros. Un chico pequeño con los dientes delanteros rotos insiste en traernos un vaso de té a cada uno de nosotros. Los adultos continúan con su conversación y nuestro guía traduce. Nos dice que los hombres de la foto del collage son mártires, hombres asesinados por el ejército israelí, y uno de ellos era de esta familia. Dice que su familia tiene más mártires, además de éste.

El guía continúa explicando pero en medio de la explicación recibe una llamada de teléfono: hay movimientos militares en las montañas cercanas, al norte. Parece que hay dos hombres heridos y otro desaparecido. Necesitan que sean internacionales quienes busquen a estos hombres en las montañas porque si van palestinos solos a las montañas en busca de los desaparecidos, los soldados simplemente les dispararán. Saben esto por experiencia y la excusa que el ejército israelí ha dado en el pasado es que pensaban que eran terroristas, porque por supuesto si un palestino sube a una montaña de noche, sólo puede ser un terrorista.

El chico muerto

Con lo que la visita, el tour y las historias llegan a un fin abrupto. Todos nos vamos y cogemos taxis para ir a la zona montañosa donde se han producido los movimientos. Los taxis no pueden avanzar demasiado deprisa porque las calles están bastante abarrotadas, sobre todo con hombres jóvenes. Algunos de éstos miran dentro de los taxis, ven que hay extranjeros dentro y los que saben inglés nos dicen "Bienvenidos", y otros simplemente nos saludan. Da la impresión de que saben para qué estamos aquí, y el agradecimiento se siente en el aire.

Los taxis sólo pueden llevarnos hasta el final de la carretera. La carretera termina donde el ejército israelí ha puesto suficientes rocas en la carretera para cortarla al tráfico rodado. Normalmente el ejército corta carreteras de esta forma para "hacer el movimiento más difícil para los terroristas". En realidad el movimiento se hace más difícil para toda la gente palestina, desde quienes van a sus trabajos (quienes tienen la suerte de aún tener uno) hasta los servicios de emergencias, como ambulancias.

Nos bajamos de los taxis y se nos comunica que los dos hombres heridos están ya en el hospital y que el desaparecido podría estar herido. Nuestra tarea es encontrarle.

Subimos por la carretera una vez pasado el montón de piedras que la corta y encontramos el lugar en silencio, sin movimientos, sin vehículos y sin luz aparte de la de la luna. No parece que hubiese nadie por la zona. Continuamos subiendo por un atajo, siempre subiendo, subiendo, y continuamente llamamos al hombre por su nombre, y gritamos: "¡Internacionales!" o "¡Médicos internacionales!" para que no nos disparen los soldados israelíes.

Decidimos que no es buena idea usar linternas que podrían atraer la atención de soldados, que no estamos seguros de que no estén aún escondidos por la zona. Ya es de noche pero la luna nos ilumina el camino.

Volvemos a la carretera y la seguimos hasta que la encontramos cortada por otra barrera hecha de rocas. Decidimos entonces separarnos en dos grupos; uno seguirá subiendo por el camino y el otro bajará por la ladera, por donde hay vegetación, donde podría estar el hombre escondido.

Yo voy con el grupo que sigue hacia arriba y al cabo de unos minutos andando, se nos une un hombre palestino. Es tío del que andamos buscando, que nos dice que el "hombre" que buscamos es en realidad un chico de catorce años. Se une a la búsqueda y después de doblar un recodo y subir unos cien metros más, uno del grupo ve a alguien tumbado sobre unas piedras al lado de la carretera y dice:

"Ahí está."

Algunos hombres, incluido el tío del chico, le identifican y gritan y lloran y le abrazan. Alguien dice:

"Miradle el pulso", pero otro replica:

"Está bien muerto."

El tío del chico quiere llevarle pero un hombre más joven le para y se lo echa al hombro. Según hace esto, la cabeza del chico muerto cuelga sin vida, todavía sangrando en abundancia. El hombre más joven le lleva a hombros y otro llama al otro grupo para decirles que vuelvan; las ambulancias están ya esperando abajo, en el punto donde no pueden avanzar más por culpa de la barrera formada con piedras.

Los médicos se llevan al chico y a nosotros nos dicen que nos quedemos en esta parte de la barrera de piedras. Una mujer occidental que ahora vive en Palestina nos dice que, si vamos con el tío del chico, que ahora está con más miembros de la familia, y nos ven ligeramente afectadas, se olvidarán de su propio duelo, y se pondrán a nuestro servicio con té y comida hasta que nos vean calmadas. Su sentido de hospitalidad es tal que se olvidarán de lo afectadas que estén ellas. Así que no cruzamos la pared de rocas hasta que la familia se mete en una de las ambulancias y se va.

Algunos de nosotros entonces volvemos a la montaña porque se nos dice que podría haber otro hombre escondido en la zona, puede que herido. Después de unos quince minutos se nos dice que efectivamente, está herido y ya en el hospital. Damos la búsqueda por finalizada y volvemos a casa.

Cuando llegamos a casa pasa algo único. Por primera y última vez en este viaje veo a un grupo de hombres palestinos cocinar para nosotros los extranjeros. Así es como hacen frente a su dolor.

Antes de ponernos a comer, uno de los palestinos nos habla a todos:

"Bien, lo que ha pasado es terrible, pero así es nuestro día a día. Él está ahora bien y en paz, nosotros quedamos aquí con nuestra lucha. Desafortunadamente no es el primero, es el ... ciento y pico..."

Otro palestino le corrige:

"Mucho más que eso."

"Ojalá fuera el último, pero probablemente no lo será."

No sé cuántas más noches voy a dormir habiendo repasado todas estas imágenes como los últimos pensamientos del día. La secuencia de acontecimientos se repite en mi cerebro. Las imágenes que tengo son muy claras, considerando que era de noche; podría incluso recordar las caras de la gente. Pero luego, desde el momento en que vi el cuerpo, estas imágenes son en blanco y negro en mi cerebro.

Fig 5: Arriba, asentamiento civil ilegal. Abajo, barracones militares.

Segundo martes - **La ley otomana**

Hoy vamos a ayudar a recoger aceitunas. La familia del chico al completo, probablemente la ciudad entera, enterrará el cuerpo que encontramos sin vida ayer, pero si vamos al funeral en vez de ayudar en el campo, alguna otra familia no podrá recoger sus aceitunas.

La familia palestina a la que vamos a ayudar hoy tenía permiso para recoger ayer pero no para hoy, así que vamos a ir con ellos por si aparecen soldados o colonos en su tierra; quizás se pueda razonar con ellos. Lo alucinante de la situación es que estamos hablando de sus propias tierras. Si no tienen un permiso oficial por cada día que quieren o necesitan entrar en sus propias tierras, los soldados, o los colonos, pueden dispararles y matarles, y no tendrían ninguna culpa porque "ellos se lo estarían buscando", al entrar en sus propias tierras, que están cerca del asentamiento israelí, sin permiso. Muchas familias se pasan años sin entrar en sus tierras para evitar que les disparen. Sólo recogen las aceitunas cuando tienen permiso, que no es cuando está en su punto necesariamente; los permisos no se dan automáticamente.

Lo que el Estado israelí está usando bastante es una ley antigua, de tiempos del Imperio Otomano, según la cual si alguien no visita sus propias tierras durante un número determinado de años, se entiende que no le interesan esas tierras, y por tanto cualquiera se las puede apropiar. O sea: amenazan a alguien con matarle si va a sus tierras hasta conseguir que no vaya, y luego se quedan con esas tierras con la excusa de que no las visita. Esto es lo que se está haciendo en Palestina.

Nos levantamos pronto y a las ocho cogemos un taxi que nos lleva por más y más carreteras, que de carreteras sólo tienen el nombre, hasta que no hay más carretera, al pie de una montaña. Desde allí seguimos subiendo a pie. En lo alto de la montaña se ven unas casas y algo más abajo una especie de barracones. Las casas de arriba son del asentamiento civil ilegal, lo de más abajo el asentamiento militar. Estos asentamientos parece que se construyen siempre en lo alto del monte para que dominen con la vista los pueblos y tierras palestinas, y con armas y con luces potentes de noche. Fig 5

La recogida de la aceituna se hace a mano. Se ponen unas mantas en el suelo, alrededor del árbol, y la gente arranca aceituna por aceituna, echándolas a la manta. Si la familia en cuestión tiene posibles, como ésta, ponen escaleras de madera apoyadas en las ramas para alcanzar las más altas. Algunos se suben a los árboles sin ayuda de escaleras, incluso la señora de esta pareja se sube, con sus faldones y sus chancletas. Fig 6

A las dos o tres horas de empezar la mujer quema unas ramitas. Ya ha puesto unas piedras alrededor de la diminuta hoguera, y, sobre las piedras, una tetera. Al cabo de un rato nos llama para tomar un descanso y nos encontramos con una verdadera comilona: pan caliente, té, hummus, aceite, yogur, zatah, aceitunas... unos diez platitos en los que todos untamos pan; parece que así se come en esta tierra. Nadie tiene un plato individual; todos untamos el pan que nos han dado en los platitos, uno cada vez.

Terminamos de comer y volvemos al trabajo. Cuando hay muchas aceitunas en la manta, lo que hacemos es sentarnos en el suelo para separar las aceitunas de las ramas, para meter sólo aceitunas en unos sacos blancos en los que caben unos cincuenta kilos. Después esos sacos irán a parar a los lomos del burro, que espera pacientemente a unos metros de los últimos olivos que se esperan trabajar. “Hacemos” unos diez olivos más y descansamos otra vez, también con comida.

No se ve el asentamiento ilegal de colonos en lo alto de la ladera donde estamos trabajando, pero de vez en cuando se oyen voces. En un momento dado hacia el final del día, el hombre de la pareja palestina a la que estamos ayudando, desde lo alto de un árbol, ve unos hombres que se acercan a su campo. Le preguntamos qué quiere hacer. Él tiene un momento de vacilación. No tiene permiso para estar aquí, en su huerto. Se ha pasado un día entero trabajando en su campo, y el fruto está aún en los sacos, en el suelo. Si esos hombres son colonos, pueden robarle el fruto del trabajo de hoy, o el burro, o la escalera, o todo, y él no tendrá derecho a protestar. Además, alguien puede salir herido. La prioridad de la gente palestina que ayudamos es siempre la seguridad de los internacionales que les ayudan. Y luego la suya, en segundo lugar.

Al final nos dice que prefiere marcharse. Le ayudamos a recoger todo rápidamente, pone los sacos sobre el burro y bajamos con ellos hasta su pueblo. Notros seguimos nuestro camino hasta el sitio donde nos puede recoger un taxi, al principio de la carretera.

Por suerte este señor no ha perdido más que unos diez minutos de trabajo. Los colonos puede que no nos hayan visto, o puede que fuesen simples guardas de seguridad que hacían su ronda y no querían robar nada ni acosarles, o que sí que querrían pero se lo pensaron mejor por la presencia de extranjeros, pero es demasiado arriesgado intentar averiguarlo cuando se está en esta situación tan vulnerable. Mañana vendremos aquí de nuevo.

Fig 6: Recogida de la aceituna.

Nos montamos en el taxi y pasamos por un pueblito. Hay hombres mayores sentados fuera de sus casas, algunos pasean. Todos llevan puesto su “caffia” en la cabeza. Todos lo llevan blanco con rayas y cuadros de diferentes colores; me dicen que los colores tienen significado político. El negro lo llevan los simpatizantes de “Fatah”, que imagino que será un partido político. El rojo los del PLFP (Frente Popular de Liberación Palestina); y el verde los de Hamas.

Segundo miércoles - **Oasis de paz**

Hoy volvemos al mismo sitio de ayer. Esta familia vive del producto de sus árboles solamente: no tienen otra fuente de ingresos. Les preguntamos por el precio de las aceitunas. El año pasado el precio pagado al campesino fue de 10 NIS (Nuevo Shekel Israelí) el kilo, unos 2.20 euros o 2.22 dólares estadounidenses. A algunos agricultores les salía mejor guardando las aceitunas y usando el aceite, porque con ese precio habrían perdido dinero en la transacción. Como todos los productores de materias primas, están a merced de lo que fluctúen los mercados internacionales. A Israel pueden vender bastante poco, nos dicen, porque el Estado israelí está bloqueando la entrada de productos palestinos en Israel; es otra forma de ahogarles aun más. Y para vender a otros países también necesita el beneplácito de las autoridades israelíes.

Hoy ha venido más gente con la familia para ayudar y la tarea es mucho más rápida. No quieren arriesgarse a tener que venir más días sin el permiso para visitar su propia tierra, así que, lo que no recojamos hoy, tendrá que quedarse sin recoger.

La gran mayoría de las conversaciones son en inglés y casi siempre entre internacionales solamente. Algunos hombres palestinos saben algo de inglés; sospecho que las mujeres palestinas también saben inglés, pero no hablan con nosotros. Al parecer lo correcto cuando se habla con una pareja es hablar solo con el hombre.

No tenemos ningún problema con soldados o colonos en todo el día y hacia las cuatro nos marchamos. Coincidimos todos en que esto de recoger aceitunas es como un oasis de paz en el desierto de la guerra, al menos a nuestros ojos, porque aquí en el monte se siente un ambiente muy bonito, de mucha paz, mientras que la realidad de la situación es opresión y guerra, callada y de baja intensidad.

Volvemos al campo de refugiados de Balata, que se parece a un barrio pobre de cualquier ciudad. La gente ya empieza a reconocernos y nosotros también empezamos a reconocer a algunos de los niños que nos gritan y nos siguen, diciendo en inglés "¡hola!", y "cómo te llamas!". A veces nos dicen "shalom", que es el saludo en hebreo, porque el judío es el único extranjero que han visto nunca estos niños, o que reconocen, y por tanto asumen que todo extranjero es judío.

En el ciber café desde donde mando estos relatillos, el encargado nos pregunta lo que hacemos aquí. Se lo explicamos y nos hace un precio especial, en solidaridad.

Segundo jueves - **Cinco años después**

Hoy vamos a otro sitio a recoger aceitunas. Se nos unen en el taxi unos periodistas. Uno de ellos habla árabe. Al llegar a una aldea se sube un hombre palestino al taxi y le da instrucciones al taxista. El taxi arranca, da una vuelta a la aldea, y luego para y nos pide que nos bajemos. Nos bajamos todos y seguimos al palestino, pensando que nos llevará directamente al campo donde vamos a recoger aceitunas, pero más bien parece que estamos vagando por el monte sin rumbo. Para empeorar las cosas, tenemos que esperar continuamente a los periodistas, que están más interesados en sacar fotos que en caminar. El palestino hace varias llamadas con el móvil y recibe otras tantas, todas en árabe. Comento con mis compañeros lo curioso que es que haya tan buena cobertura aquí, en el monte, con lo mala que es abajo en el pueblo, y me responden que no es de extrañar en absoluto, pues estamos cerca de un asentamiento ilegal israelí. Se hace todo lo posible para que los colonos tengan la vida agradable y buena cobertura para los móviles es una de esas cosas.

Cuando el fotógrafo que sabe árabe nos alcanza, le pedimos que traduzca lo que dice el palestino al teléfono. Resulta que está hablando con un activista israelí que, desde Jerusalén, está intentando conseguir permiso para que él y su familia puedan ir a recoger aceitunas. Mientras él habla, llega el otro fotógrafo, que se había quedado rezagado, diciendo que hay otra familia que nos necesita para recoger aceitunas, y que vayamos rápidamente, porque con este tío lo único que estamos haciendo es perder el tiempo esperando. Decidimos ir a ayudar a otras familias sólo mientras el activista israelí consigue el permiso para la familia que en principio veníamos a ayudar.

Nos dividimos y vamos cada grupo a un campo cercano a ayudar en lo que sea que estén haciendo. Estas familias no parecen necesitar un permiso - su tierra está lejos del asentamiento ilegal.

Me quedo con una familia que parece bastante organizada. Los hombres se suben a los árboles para alcanzar las ramas más altas y las mujeres se quedan de pie en el suelo, cogiendo las aceitunas que quedan más abajo. Cuando se termina con cada árbol las mujeres mueven las mantas y llevan las aceitunas al centro del campo, donde hay otras dos mujeres sentadas separando aceitunas y hojas. Nos dicen por señas dónde podemos ayudar y al cabo de un rato nos llaman para comer con ellos.

Nos sentamos todos en corro, pero los platos, en vez de quedar en el centro del círculo, quedan todos cerca de nosotros los extranjeros, y según avanza la comida los van acercando aún más, animándonos a que comamos. Me fijo en que, como resultado, las mujeres que quedan enfrente de nosotros apenas están comiendo, pero los otros internacionales me dicen que es mejor no pensar en eso porque son así, tienen el sentido de la hospitalidad así y si no lo aceptamos igual se ofenden.

Al poco de acabar de comer nos llama el palestino del principio y nos juntamos todos de nuevo. Nos dice que el activista israelí ha conseguido el permiso para hoy y nos lleva subiendo el monte hacia sus tierras. Mientras subimos nos vamos encontrando con hombres de su familia que se van uniendo; a las mujeres no las dejan venir porque están arriesgando sus propias vidas viniendo a esta parte de sus tierras, tan cerca de israelíes , y no quieren arriesgar también las de sus mujeres.

Subimos más y nos encontramos con un río fétido de agua marronácea, casi negra. Señalando unos barracones que habíamos creído militares, nos explican que es una fábrica que construyeron hace unos años y que desprende estas aguas que les están dañando las tierras. De hecho prefieren no recoger las aceitunas de los olivos que quedan demasiado cerca del agua.

La situación de esta familia es la más precaria que hemos visto hasta ahora. Apenas tienen mantas y no tienen escaleras ni burro. Tenemos que meter las aceitunas directamente en los sacos, como estén, con ramas y todo, y se les nota a todos muy nerviosos y con prisas por acabar. También se nota que hace mucho tiempo que no vienen por aquí, porque está todo lleno de matorrales y espinos que hacen difícil avanzar y los olivos están llenos de ramas secas inútiles que impiden el paso para alcanzar las aceitunas más altas. Tenemos que recoger las aceitunas en condiciones bastante precarias: yo me las pongo en la camiseta como si fuera un delantal, otra se las mete en los bolsillos de la camisa, los más afortunados tienen una bolsa de plástico...

Al cabo de una hora se nos unen tres mujeres. Parece que las hayan llamado cuando han visto que no hay soldados ni colonos por aquí. También viene un señor mayor, de sesenta y cinco años, a darnos apoyo moral e incluso alguna entrevista a quien se la pide. Se deja fotografiar con paciencia y nos cuenta su historia: Este terreno lo compró su abuelo durante el tiempo del Imperio Otomano. Cuando él tenía cinco años lo heredó y ahora son sus hijos quienes tienen la responsabilidad sobre él, aunque cada vez lo tienen más difícil. Nadie de la familia ha podido entrar en este terreno en los últimos cinco años. El resultado es maleza y parásitos por todas partes, incluso en los árboles. Eso ya lo hemos visto. Algunos hasta parecen arbustos más que árboles. También notamos que alguien ha venido a robar aceitunas, porque muchos árboles no tienen apenas aceitunas en la parte alcanzable desde el suelo, y sin embargo están llenos en las partes más altas. Los únicos que pueden entrar en esta tierra con toda libertad son los colonos y los soldados israelíes, desde lo alto de la colina. También hay muchos árboles quemados. Nos dice que es táctica habitual de los colonos.

También nos cuenta que el agua podrida ya ha matado algunos árboles, y ahora está secando otros. Y que en el año 2000 los colonos les robaron todo lo que habían cosechado, la cosecha entera, después del esfuerzo que cuesta recogerla.

Seguimos recogiendo aceitunas y empiezo a sentirme como la mano de obra barata de esta gente, porque hasta ahora lo único que hemos hecho ha sido recoger aceitunas para ellos, y aún no ha aparecido ningún colono ni soldado. En esta ocasión incluso hemos esperado a que alguien consiga el permiso para que no haya situaciones tensas. Pensaba yo que estamos aquí para ayudar con situaciones tensas, no para acompañar una vez que estas situaciones tensas se han evitado. Se me responde que, de no haber sido por nuestra presencia aquí hoy, ese permiso nunca habría llegado.

Hacia las dos de la tarde los dos fotógrafos empiezan a despedirse y los palestinos entienden que nos vamos todos. Se miran unos a otros llenos de pánico y nos ruegan, nos suplican que no nos vayamos aún, que nos quedemos sólo una hora, media hora más, con la desesperación dibujada en sus rostros. Les explicamos que sólo son dos los que se van y nos quedamos los demás y se tranquilizan, y seguimos recogiendo aceitunas frenéticamente, entre matojos, doblando ramas para poder llegar a las más altas, pinchándonos con las ramas secas que nadie puede podar, sorteando zarzas y cardos y árboles arrancados y quemados.

Efectivamente al cabo de una hora se da la tarea por terminada y bajamos rápidamente hacia el camino. Alguien ha traído un burro y le cargan con las aceitunas; apenas serán cincuenta kilos. El abuelo se monta también en el burro y con nosotros se queda hablando un chico mientras vamos andando. Habla bien inglés porque está estudiando Literatura Inglesa en la universidad. Nos cuenta que es el cuarto de seis hijos, dos de ellos chicas, una de las cuales también está en la universidad, estudiando empresariales. Cuando pasamos por delante de su casa nos insiste para que entremos a comer algo y charlar. Rehusamos pero insisten más, así que hay que aceptar.

Entramos en una casa sencillita pero cómoda. Las mujeres nos traen jabón y cuando nos hemos lavado las manos nos sentamos en la sala con tres chicos. Desde mi sofá veo a las dos hermanas, que se han quitado los pañuelos de la cabeza. Una de ellas se sienta un momento con nosotros, luego se va y entra una señora mayor, seguramente la madre, trayendo pan recién hecho. Más gente nos trae té, luego un refresco, luego un zumo, luego más comida... Mientras tanto llamamos al taxista que nos trajo aquí esta mañana. Cuando el taxi llega nos despedimos y nos vamos.

Al llegar a nuestra calle, en Balata, oímos tiros a lo lejos pero no hay gritos, así que nos figuramos que puede ser alguna especie de celebración. Nos disponemos a ir a casa pero según nos alejamos de la calle principal también oímos música. Nos volvemos y vemos el pasacalles completo. Primero pasa la banda de música, luego más hombres y después una especie de soldados de paisano, todos con armas, algunos con un pañuelo a la cabeza anudado, en plan Rambo. Pero no son tan musculosos; en realidad casi todos son unos niños, casi lo mismo que con los soldados israelíes, que raramente tienen más de dieciocho o diecinueve años.

A los soldados les sigue una pequeña procesión. Les seguimos y llegamos a una especie de plaza rodeada por una valla. Nos quedamos fuera de la valla en plan espectadores, intentando entender lo que sucede. Los que venían en la procesión ya se ha asentado en sillas blancas de plástico; habrá unas seiscientas o setecientas personas. Casi todos son hombres, excepto unas cincuenta o sesenta mujeres, todas juntas de pie en unas gradas laterales. Acaba la música y varios hombres hablan, más bien gritan, desde un podio con micrófonos. De vez en cuando los chicos de las metralletas las disparan al aire.

Otro espectador nos habla en inglés y le preguntamos qué están diciendo. Nos contesta que dicen cosas como que deberían ir a los asentamientos y echar a todos los colonos, cosas así.

No sé muy bien qué conclusión sacar de lo que acabo de ver y oír. Por una parte es un espectáculo de machotes, con sus pañuelos a la cabeza, sus metralletas... Por otra parte, toda esta gente ha crecido en un campo de refugiados, desde que aún era un campamento de carpas, sin agua, sin comida... y saben que no están en esta situación por casualidad, saben que hay una causa concreta. Para ellos, hubo un "antes" y un "después". Antes tenían vidas dignas en sus tierras y después fueron expulsados de ellas y tirados a un campo de refugiados provisional hecho de tiendas de campaña, que luego fue hecho permanente. Estos chavales y sus familias viven bastante hacinados en casas heladoras que no dejan de ser provisionales, sin agua caliente, sin calefacción, con desagües que dejan mucho que desear y calles sin aceras ni asfalto, sólo un mismo nivel de tierra compartido por coches y personas que se embarra con agua que parece que sale de todas partes. Al menos nosotros nos iremos antes o después. Incluso podemos ir a Jerusalén de vez en cuando a tomarnos un descanso y una buena ducha y luego volver otra vez. Pero esta gente no tiene a donde ir. Se quedan aquí día tras día, algunos yendo al colegio o la universidad, sabiendo que no habrá ningún puesto de trabajo para ellos cuando terminen.

Imagino que los chicos de las metralletas, y quienes les siguen, sólo quieren acabar con esta situación y volver a alguna forma de vida digna, pero no ven ninguna otra forma de lograr eso que hacerse "combatientes".

Fig 7: Trinchera bloqueando una "carretera" palestina, inutilizándola

Segundo viernes - **Simpático colono con metralleta**

Hoy vamos a un sitio al que es más difícil llegar. Además nos hemos quedado sólo cuatro internacionales en Balata porque la manifestación de hoy en Bi'Lin necesita apoyo y se han ido casi todos allí. De estos cuatro, dos terminan su viaje hoy por Palestina y se vuelven a sus países, y los otros dos necesitamos un descanso y pensamos volvernos a Jerusalén, porque en este piso, por las condiciones de los desagües, se nos pide que no nos duchemos. Así que llevamos unos cuantos días con la tierra pegada a la ropa y la ropa pegada a la piel; todos los días ha hecho un calor de espanto y parece una buena idea volver a Jerusalén a tomarse una buena ducha, descansar y beber. Pero aún no podemos.

Vienen dos chicos nuevos a quedarse unos días, D. y S., justo a tiempo para coger el taxi de las ocho de la mañana con nosotros para la "misión" de hoy. Nos dicen que tenemos dos opciones: coger solo un taxi y pasar por el control militar, lo cual nos retrasará un mínimo de dos horas, quizás cuatro, o coger un taxi y luego andar como una hora para evitar el control, y después coger otro taxi. Los palestinos no tienen esta segunda opción. Escogemos usar nuestro privilegio como extranjeros para llegar antes a ayudar a quien lo necesita hoy. D. y S. pasarán allí esta noche para ahorrarse las horas de viaje así que se montan con sus mochilas en el taxi.

La razón por la que el viaje de ida dura horas no es la distancia. De hecho el sitio debe de estar a unos veinte minutos en coche. Pero en la carretera hay un control militar, y la caravana que se forma parece que suele ser de unas dos horas de espera, si no más. También hay una carretera que está asfaltada (las carreteras palestinas por lo general son de tierra y polvo) y no tiene controles, pero es de uso exclusivo de colonos y soldados israelíes.

Otros días el taxi nos lleva hasta donde la carretera se convierte en un camino de cabras que sólo se puede seguir a pie. Hoy la carretera no parece que se acabe en el sitio donde nos deja, parece que sigue. Nos despedimos del taxista y seguimos andando por la carretera hasta que salimos a campo abierto.

Una vez allí, quedamos a la vista de un asentamiento israelí en lo alto del monte, con su correspondiente barracón militar. Esa es la razón por la que el conductor se ha parado al borde del pueblo antes: si se pone a la vista de un asentamiento, él y su taxi están en peligro de que les disparen con la excusa de que un palestino (y por tanto un potencial terrorista) estaba "demasiado cerca" de población israelí. En cuanto a nosotros, nuestra apariencia de extranjeros parece suficiente para garantizarnos el derecho a andar en este campo abierto sin que nos disparen. Caminamos unos cuantos metros y vemos que la carretera está cortada, esta vez por una trinchera como las de la guerra, que se extiende al menos un kilómetro. Fig 7

El fondo de la trinchera está lleno de basura y escombros. Bajamos y sorteamos todo esto como podemos; subimos al otro lado de la trinchera y seguimos andando. Lo que queda de carretera avanza en medio de campos que no tienen un solo árbol, excepto una parcela donde hay olivos pequeños. Parecen recién plantados.

El suelo es pedregoso, como otros suelos donde hemos recogido aceitunas. Cruzamos una carretera perfectamente asfaltada que es una de las de uso exclusivo israelí y cuando llegamos a la siguiente carretera, esta vez polvorienta y sin asfaltar, nos encontramos con que un taxi-furgoneta nos está esperando. Hemos evitado el control militar que nos habría retrasado unas cuantas horas.

Este segundo taxi nos deja a la puerta de un edificio que podría ser un ayuntamiento o un colegio. Hay carteles en las paredes con instrucciones gráficas de cómo votar. Se nos invita a pasar a un despacho y aparecen cada vez más hombres que empiezan a conversar en árabe. Nos ofrecen asiento en un sofá y algunos hombres se sientan en sillas. La conversación sube de volumen cada vez más y de pronto se callan todos y uno nos dice en inglés que es el alcalde, y nos pregunta de dónde somos. "De EEUU", responde una. El alcalde sonríe y dice en un inglés básico, "Con la gente de América, muy bien, pero con Bush..." y hace un gesto raro, y todos sonreímos. Hace la misma pregunta a unos cuantos y nos muestra que sabe los nombres de los presidentes de todos los países de los que venimos.

Después de unos minutos de espera aparece un hombre por la puerta y nos levantamos todos: éste es el labrador al que ayudamos hoy. Nos llevará montaña arriba hasta donde pueda en un todo-terreno desvencijado y luego seguiremos a pie.

Cuando ya estamos en el monte, mientras vamos andando, vemos un vehículo militar aparcado en la carretera, ladera abajo, con un soldado uniformado y armado a su lado. El soldado nos llama a voz en grito. El palestino le responde, en inglés, que tenemos permiso para recoger aceitunas durante tres días. Parece que es una respuesta lo bastante buena de momento y empezamos a recoger aceitunas, pero a los pocos minutos el soldado llama otra vez y nos damos cuenta de que son dos soldados avanzando cuesta arriba con sus armas y todo hacia nosotros. D. y S. bajan a decirles que tenemos permiso. Les hacen esperar junto a su vehículo mientras hacen sus llamadas para comprobar si decimos la verdad.

Cuando los soldados se quedan satisfechos, D. y S. vuelven con nosotros y seguimos trabajando, avanzando hacia la parte más "peligrosa" de la parcela, cerca de una valla. Según nos acercamos nos damos cuenta de que esta valla separa tierras palestinas de las tierras que corresponden al asentamiento ilegal israelí, en lo alto de la colina, que queda a unos ochocientos metros de donde estamos. En ese espacio, hay otras dos vallas separando ambas zonas - total, tres vallas protegiendo al asentamiento ilegal israelí de los legítimos propietarios de la tierra palestinos.

A veces las vallas protectoras tienen sensores electrónicos. Pensamos que ese es el caso esta vez porque diez minutos después de trepar al árbol más cercano a la valla viene un todo terreno militar, subiendo por el camino que queda al otro lado de la valla. Sube y baja varios metros varias veces y después se va. A los cinco minutos vuelve el todo terreno militar, esta vez seguido de otro todo terreno, éste blanco. Se bajan varios hombres de los todo terrenos, algunos con uniforme militar, otros con ropa de calle, todos con metralletas.

Uno de paisano le dice a una compañera de nuestro grupo que se acerque a ellos. Ella duda - la norma es no hablar con los colonos cuando estamos con palestinos que puede que no hablen inglés porque no saben qué les podríamos estar diciendo; lo único que ven es una conversación amigable con la misma gente que les roba las aceitunas, les da palizas y les mata con impunidad. Pero el hombre de paisano tiene un arma y repite la orden, así que mi compañera se acerca. El tío le pregunta:

"¿De dónde eres?"

Ella duda de nuevo, pero decide que decirle el país de donde es no va a hacer daño a nadie, así que se lo dice.

"¿Y cómo te llamas?"

Eso sí que no. Le dice el hombre que viene en plan amistoso y que quiere ofrecerle galletas. Ella rehúsa educadamente y él le dice riendo que no tienen veneno.

Sigue una conversación algo tonta sobre lo ignorantes que somos, porque recogiendo aceitunas sólo se puede ver una cara de la moneda, "... que por cierto tiene dos caras, ¿sabíais?" Y que no acertamos a entender que los judíos necesitan defenderse de los terroristas palestinos, porque los judíos al fin y al cabo sólo son buena gente que tienen todo el derecho de estar en esta tierra puesto que llevan ya muchos años viviendo allá arriba, en el asentamiento, nada menos que veinte años.

D. va a hablar con la pareja palestina a la que estamos ayudando, que hace tiempo que se han alejado de la valla, con el miedo reflejado en sus caras, y el hombre sólo acierta a decir en inglés: "Vosotros, aquí". Lo cual entendemos que quiere decir que nos alejemos de los hombres armados y nos reunamos con ellos. Dejamos con mucha pena el árbol donde estamos porque está lleno de aceitunas, aunque es bastante imposible subirse a las ramas más altas por culpa de la maleza acumulada en los años en que no han podido venir aquí, probablemente debido a situaciones como las de hoy. Quién sabe lo que hubiera hecho este colono si los que estuvieran en el árbol hubieran sido palestinos y no extranjeros venidos del mundo rico.

Empezamos a recoger nuestras mochilas para marcharnos, asegurándonos de que ninguna mochila se quede aquí. De repente unos cuantos niños colonos aparecen junto a los coches. Empiezan a gritarnos con caras agresivas, en inglés:

"¡Os voy a dar una patada en el culo!"

"¡Aahh jaja jaja, os tenéis que marchar, hemos ganado, os vais!"

Según me alejo, lo último que oigo justo antes de que tiren la primera piedra es:

"¡¡Espero que os muráis!!"

Al amigo que quería una conversación amigable no se le ve por ninguna parte, y a los soldados tampoco. Los niños siguen tirando piedras grandes, alcanzando distancias respetables. Saco mi cámara y empiezan a moverse, saliendo de mi campo de visión, escondiéndose detrás de árboles que quedan entre ellos y yo. Se les nota que tienen mucha práctica en esto de esconderse de las cámaras. Mientras nos alejamos definitivamente, se les sigue oyendo riendo y las piedras siguen cayendo, pero ya no estamos a su alcance.

Según vamos bajando se nos van uniendo unas pocas mujeres y unos cuantos hombres, uno de ellos en burro. Parece que nos han estado esperando todo el tiempo, expectantes y con miedo de subir ellos mismos. Le ponen varios sacos llenos al burro y un chico se lo lleva por otro camino. Hay una camioneta aparcada y ponen en ella el resto de los sacos, casi vacíos, y nos invitan a subirnos. Nos dan refrescos enlatados de una conocida marca multinacional y sólo puedo notar en privado lo absurdo de apoyar una marca que se comporta de la forma en que lo hace ésta mientras estamos haciendo lo que hacemos.

Nos llevan al ayuntamiento o colegio donde hemos estado al principio y se nos unen más hombres y algunos ancianos. Nos dan la mano a todos y el que sabe inglés nos dice que quieren que comamos con ellos y sus familias. Cuando ya estoy aceptando (rehusar sería poco menos que una ofensa en la mayoría de los casos) recordamos que hemos tardado dos horas en llegar y si tenemos suerte tardaremos otras dos en volver. Si nos ponemos ahora a comer con ellos, dada la concepción que esta gente tiene del tiempo, se nos puede hacer de noche antes de salir, y andar a oscuras por los mismos parajes por donde hemos venido, completamente a la vista de soldados armados que podrían confundirnos con palestinos, es totalmente desaconsejable. Además D. y S. se quedan a dormir aquí esta noche, y ellos pueden aceptar la invitación. Nos despedimos de ellos pues, y nos consiguen un taxi.

El taxi viene ya con más gente de Balata que también viaja allí de vuelta. Nos acomodamos en el taxi, suponiendo que esta vez usaremos toda la carretera hasta allí y que pasaremos por el control militar que puede tener colas de hasta cuatro horas.

En un momento dado en mitad del viaje, uno de los pasajeros le da dinero al taxista y le dice que pare. El taxista para. El hombre nos dice que es mejor para nosotros bajarnos aquí y nos abre la puerta. Nos bajamos y me doy cuenta de que estamos en el mismo sitio donde nos cogió el taxi antes, así que sólo tenemos que volver por el mismo camino que esta mañana.

Así que esto es lo que ha pasado: este hombre, que se le ve más humilde que nosotros, nos ha pagado el viaje, y nos ha dejado en un sitio seguro para que podamos seguir sin pasar por el trago del control militar, dándonos ese privilegio que él mismo no se puede permitir. Si los palestinos se aventurasen a volver por campo a través para evitar el control militar, los militares les dispararían desde la garita, a lo alto del monte. Pero nosotros somos extranjeros y blancos.

Así que allá se dirigen, al control militar, donde les retendrán, quién sabe, dos horas, tres ... mientras esperan poder pasar - y si les dejan pasar. Le miro al hombre llena de agradecimiento sin palabras. El hombre me mira con una sonrisa. Nos despedimos todos con un último saludo y con un nudo en la garganta me echo la mochila al hombro y hecho a andar con mis compañeros, de vuelta al campo de refugiados de Balata, donde nos hospedamos.

Segundo sábado - **"Cuando sea mayor quiero ser mártir"**

Parece que no hay necesidad de internacionales hoy así que nos tomamos el día libre y decidimos ir de compras a apoyar la economía local. Me recomiendan que compre jabón, hecho a mano con aceite de oliva.

Todos los días nos esperan niños en la puerta, que nos gritan continuamente: "cómo te llamas". Casi todas las caras cambian de un día a otro, pero el niño que nos sirvió el té en nuestro primer día aquí está, a la puerta todos los días, esperando a que salgamos a la calle para darnos los buenos días a su manera.

Hoy los niños no están esperando; salimos de casa a media mañana así que es de esperar que estén todos en la escuela. Pero nuestro amigo constante también está aquí hoy, esta vez con una mochila al hombro.

Le preguntamos con nuestro árabe ultra básico por qué no está en la escuela. Sabiendo que no le vamos a entender si nos habla en árabe, usa palabras sueltas en inglés y gestos. Primero dice "escuela" con cara de asco. Luego escupe. Luego pisotea el escupitajo. Luego se señala a sí mismo con el dedo índice y luego, con ese mismo dedo índice, señala a las fotos de los combatientes muertos.

De vuelta en casa, se lo contamos a M. Nos dice:

"El caso del niño no es un caso aislado, pero el pueblo palestino al fin y al cabo no se diferencia demasiado de ningún otro pueblo. Todos quieren tener una vida normal, tener una familia, ir al trabajo, volver del trabajo, abrazar a sus hijos. No somos gente violenta. Si los niños quieren ser combatientes, y si la gente se suicida matando a otra gente, no nos sale de dentro, no es esa nuestra forma de ser. Viene de la desesperación, de la ocupación y de las condiciones de esta ocupación."

Nosotras nos quedamos calladas a esto, igual que antes con el niño.

Y. viene al piso donde nos hospedamos para llevarnos a algún otro sitio esta tarde:

"Quien quiera venir a ver mi sociedad, podéis venir ahora."

Todos nos preparamos para ir con él. Nadie hace ningún comentario, y el silencio general hace que no me atreva a preguntar. Por esta razón entiendo que "mi sociedad" significa una sociedad secreta, o clandestina. Así que me limito a caminar con el grupo, casi en completo silencio, lo que me da aun mas razón para pensar en la sociedad secreta. Para mi grata sorpresa, la "sociedad" es algo así como un club normal para jóvenes donde él y otra gente comprometida intentan que la juventud local, "shebab" en Árabe, salga de la espiral de violencia que termina en una foto en un póster en la calle.

Y. nos cuenta las actividades que tienen lugar aquí, recreativas y educativas tal como las entiendo yo. También nos cuenta historias sobre algunos de los chavales y chavalas que han sido "sus alumnos". Algunos han ido a la universidad, algunos se han quedado en Balata, algunos han sido arrestados, y otros pocos han sido asesinados.

Volvemos al piso y mientras cocinamos la cena viene a visitarnos E. Viene bastante nerviosa porque ha oído en las noticias lo del chico que encontramos muerto. También se ha enterado de más cosas por los familiares de la víctima y está viendo la manipulación de los medios y las autoridades israelíes, por enésima vez.

Las otras dos víctimas parece que han contado que habían ido al monte a explorar un edificio en ruinas que habían visto un día. Recuerdo haber visto ese edificio la noche que encontramos al chico; parecía una mezquita. En las noticias lo que están diciendo es que estaban intentando poner una bomba. También han cambiado la edad de la víctima, añadiéndole años, y la forma en que murió. E. ha estado pensando en cómo lo encontramos: había mucha sangre, y no sólo en la cabeza, sino también por todos los pantalones, aunque no sangraba de ninguna pierna. El ejército está diciendo que no disparó a matar. Siempre dicen que disparan a las piernas, pero no hay un tiro en la cabeza si apuntas a las piernas. Además por el tamaño de la herida en la cabeza es obvio que le dispararon a bocajarro. También dicen que el chico estaba huyendo, y por eso cayó en las piedras donde le encontramos, al borde de la carretera.

Su conclusión es que al chico lo ejecutaron en una postura tal que la sangre le cayó a los pantalones. Lo más probable es que estuviera de rodillas cuando le dispararon y se retorció sobre el estómago mientras caía, cayendo sangre de la cabeza sobre las rodillas. Y luego lo llevaron a donde le encontramos para que pareciera que estaba huyendo. Lo cual tampoco hicieron demasiado bien porque el cuerpo cayó de espaldas. Cuando corres no te caes de espaldas.

Estas son sus conclusiones. Personalmente me parecen muy lógicas y bastante más congruentes que las explicaciones del ejército, y me extrañaría mucho que, en el remoto caso de que el ejército o los medios se molestasen en refutar estas alegaciones, sus argumentos resistiesen el más mínimo análisis. Pero, total, como sólo es un palestino de un campo de refugiados, ni siquiera vale lo suficiente como para abrir una investigación.

Segundo domingo - **Mártires**

M. nos dice que hay un respeto grandísimo en Palestina y otros países por los "internacionales" como nosotros, que, como dice M., "dejáis las comodidades de vuestras casas, vuestros estudios, vuestros trabajos, vuestras familias, para venir aquí a sufrir con nosotros, los palestinos". Y sigue agradeciéndome nuestro apoyo a lo que me suena como la "causa" palestina. Yo no me siento demasiado cómoda con su presunción, así que le contesto:

"Mira, no es que me guste especialmente la gente palestina. Estoy aquí porque estáis oprimidos y os están quitando la dignidad, pero si fueran los palestinos haciendo eso a los israelíes, esto lo haría por ellos."

Me responde rápidamente:

"Por supuesto, por supuesto."

Dice también que siente mucho respeto por todos los mártires, pero que siente un respeto muy muy especial por Rachel [Corrie, la chica estadounidense que mataron mientras intentaba detener la demolición de una casa palestina por excavadoras israelíes] y por Tom [Hurndall, el chico británico que mataron mientras intentaba proteger a unas niñas palestinas]. M. mira a otro lado y a mí me da la impresión de que conoció a los dos.

A media mañana nos llama Y. para decirnos que hay un nuevo mártir, un hombre al que han matado esta pasada madrugada. Cogemos nuestras cámaras para documentar el resultado de la destrucción de la casa donde pasó todo esto y allá nos vamos.

Cuando llegamos aún se puede notar el olor a quemado. Hay agujeros ocasionados por balas y trozos de cristales por todas partes, una tele rota de un balazo, lámparas destrozadas, ventanas que ya no son ventanas sino meros agujeros en la pared... y boquetes enteros en las paredes del tamaño de un puño, de una cabeza. Y. nos explica lo que sabe y luego cede la palabra al hombre de la casa, que también habla bastante bien inglés. El hombre al que han matado de hecho no vivía en esta casa, estaba sólo de visita cuando apareció el ejército. Así que parece que le habían seguido.

Aunque el estado de caos hace pensar que los soldados estuvieron dentro de los pisos destruyéndolo todo, se nos dice que no: si hubieran estado, la tele, por ejemplo, no tendría sólo un balazo; la habrían levantado y estampado contra el suelo. Toda la destrucción que vemos aquí ha sido causada por balas disparadas desde la calle.

El hombre trató de escapar de un piso a otro esquivando las balas, y finalmente salió al jardín. Una vez allí, le mataron a tiros y luego le pasaron por encima una máquina excavadora que también destruyó un muro del jardín.

Los soldados entonces ordenaron a todos los vecinos que salieran de sus casas. Por supuesto los vecinos obedecieron, y los soldados, para asegurarse de que no quedaba nadie en los pisos, abrieron fuego contra las paredes. Probablemente fue entonces cuando produjeron todo este caos.

Luego ordenaron a todos que se quitaran la ropa. Un vecino nos cuenta que les dejaron en la calle, con el frío que hacía, de noche, completamente desnudos, durante unas cuatro horas. Este vecino se queja de que este hombre, cualquiera que fuera su culpa, no tenía nada que ver con ellos, estaba visitando a otra familia y simplemente por el hecho de ser vecinos de la familia visitada, se les castigó a ellos también. Nos pregunta:

"Quiénes son las víctimas?"; en referencia al discurso oficial israelí según el cual son los israelíes las víctimas de los ataques palestinos.

Cuando los hombres terminan sus explicaciones me concentro en los ojos de las mujeres y los niños que nos han ido siguiendo por la casa en silencio. Luego me pierdo por las habitaciones, yo sola. Más cristales rotos por el suelo, más balazos en las paredes y en los techos. Hay escombros por habitaciones que hace menos de un día eran acogedoras, el hogar de alguien. Ventanas enteras han sido arrancadas y ahora sólo son agujeros en la pared, dejando habitaciones abiertas a la calle. Una señora mayor está sentada en una cama, tapándose la cara con las manos. Solloza. La dejo sola en su desesperación y me reúno con mis compañeros.

TERCERA SEMANA

Tercer lunes - **El muro, explicado**

Se propone que vayamos a Jayyous, un pueblo pequeño donde hace falta internacionales desde hace un tiempo, y me ofrezco voluntaria. Nadie más se ofrece así que quedo con A. y con otro compañero para viajar con ellos, puesto que tan peligroso dicen que es que una mujer viaje sola. Ellos van a un sitio un poco cerca de a donde voy yo. Les pregunto cuándo van a salir y me dicen que no saben. En un momento dado, de pronto, me dicen, ya con sus mochilas al hombro:

"Salimos ahora, ¿vienes?"

Nos montamos en un autobús que habrá que dejar antes del control militar para pasarlo a pie porque no se permiten coches. Al final del control hay unas puertas giratorias por donde es difícil pasar cierto tamaño de equipaje. Como tenemos suficiente pinta de turistas extranjeros no nos hacen preguntas y nos dejan colarnos, mientras unos cuatrocientos palestinos llevan haciendo varias horas de cola. A la cabeza de ésta vemos cómo un soldado abre la mochila de un palestino y le saca todas las cosas.

Llegamos a la ciudad donde A. y su amigo se dirigen y allí me junto con otra gente que también viaja a Jayyous.

También hablo con P. del tema de tener que depender de nuestros "compañeros" varones y resulta que ella, y otras mujeres con las que ha hablado, también están bastante hartas de depender de los hombres. Ha llegado un momento en que han decidido correr riesgos y ahora viajan solas. P. está bastante contenta con el trato de los palestinos; de los soldados no tanto, pero son tan racistas que en cuanto no eres del todo morena casi ni te cuestionan.

Intento hablar con Z. sobre esto pero la única respuesta que consigo es:

"Veo lo que me dices. Pero me gusta tomar mis propias decisiones."

Lo más gracioso es que este tío ha venido aquí con un espíritu de solidaridad, y bla bla bla.

Pasamos otro control militar y, una vez en el otro lado, cogemos un taxi y esperamos a que se llene. B. y Z. murmuran algo entre ellos y B. sale del taxi. Al cabo de medio minuto B. vuelve con dos plátanos y le da uno a Z. Me figuro entonces que al murmurar le estaba ofreciendo comprarle un plátano también a él. Le pregunto si sería mucha molestia comprarme también a mí uno y me contesta: "pues va a ser difícil". En efecto, el taxi está ahora lleno y sale. Yo me quedo sin plátano mientras ellos comen plácidamente sin ofrecerme. Me acuerdo de las horas que hace que no como y empiezo a sentirme mal.

Cuando llegamos a la estación de autobuses vemos que tenemos media hora hasta que el autobús de línea tenga la hora de salida. Decido que no quiero estar tanto tiempo con este par de egoístas y me aventuro por las inmediaciones. En la calle junto a la estación hay un mercado con puestos de fruta y verdura. Hay cierto alboroto continuo pero en un momento dado toda la gente mira hacia el final de la calle, señalando y hablando en voz alta. Miro hacia allá y veo varios militares con traje caqui y con las consabidas metralletas, algunos andando a paso rápido, algunos corriendo. Por unos segundos se hace silencio total y expectante en el mercado, y solo se oye el ruido que hacen los soldados. Luego los soldados desaparecen en calles distantes y el mercado vuelve a la normalidad. Yo me concentro en los plátanos y manzanas que tengo delante y le pregunto al hombre que grita en el puesto (supongo que promoviendo el género) si sabe hablar inglés, y otro hombre me contesta que sí. Le pido un plátano y me entiende que quiero un kilo. Después de varios intentos sin que me entienda, le cojo un plátano suelto y se lo doy. Luego le pido dos manzanas y pasa lo mismo. En realidad me encantaría comprarle uno o dos kilos de cada, pero andamos viajando y cambiando de taxis y autobuses en cada control militar y en cada ciudad, y llevando las maletas encima de las piernas o junto al asiento si hay suerte, así que verdaderamente no puedo coger ni siquiera comida para todo el viaje, no más de la que vaya a comer inmediatamente. Le pregunto cuánto es todo y sacude la cabeza y una mano: nada. ¿Eh? Como si se pudiese permitir esta gente ir regalando la mercancía. Le insisto y me repite que no le pague. Me va a gustar esto de viajar sola.

En la siguiente ciudad se nos une J., que nos cuenta que hace unas pocas noches el ejército israelí entró en el pueblo donde pasé mi primera noche con unos cuantos más, BiLín. Para ellos esta vez ha sido simplemente otra redada nocturna para hacer detenciones. El objetivo es arrestar niños palestinos que hayan tomado parte en manifestaciones. Es curioso, el muro ha sido declarado ilegal por la comunidad internacional, la misma comunidad internacional que creó el Estado israelí. Se hacen manifestaciones pacíficas contra este muro que ha sido declarado ilegal por las Naciones Unidas y esas manifestaciones son declaradas ilegales por el Estado israelí, que se burla así de la comunidad que lo creó y que lo ampara. Y como las manifestaciones se hacen de todas formas, el ejército fuerza o tira abajo las puertas de las casas de la gente, por la noche, cuando no hay tantos internacionales. Y lo hacen impunemente. Y ahora me entero de que, para que la gente no pueda pedir compensaciones económicas por los destrozos de estas incursiones, se pasa a denominarlas "acciones de guerra".

Dice J. que la presencia de unos veinte activistas en el pueblo hace dos noches, entre israelíes e internacionales, habría hecho pensárselo dos veces a los soldados. Aún así, se llevaron a dieciséis chicos del pueblo. Algunos palestinos salieron de sus casas para resistir las detenciones y la invasión. Después de una hora de invasiones de casas y arrestos, el ejército se fue.

J. explica que hay una campaña no violenta continua, que dura ya unos años, contra la "barrera de anexión". La barrera puede consistir en una carretera, un muro, o una valla. En Bi'Lin consiste en una valla de tres a seis metros de altura, con alambre de espinos en la parte de arriba, y alambre de cuchillas en el suelo, enrollado. La valla suele estar o bien electrificada o, preferiblemente, electrónicamente dotada con sensores que avisan a la torre de control más cercana de un contacto o una presencia. La orden que tiene el de la torre de control cuando se produce un contacto con esta valla es disparar a matar.

En teoría estas barreras o vallas cumplen la función de dotar de seguridad a los asentamientos israelíes contra los terroristas palestinos, y por extensión todos los palestinos. En realidad el gobierno israelí ni se molesta en ocultar que los asentamientos tienen como función primordial anexionar cada vez más tierras al estado israelí.

Por lo que he visto hasta ahora las barreras y vallas proveen la triple funcionalidad de separar a la población desarmada palestina de los colonos israelíes, armados y mayormente fanáticos, dando a los colonos y a los soldados excusas para tirar a matar; separar a los pueblos palestinos de las tierras de las que dependen para su supervivencia; y anexar territorios al estado israelí. El objetivo general que se percibe tras sólo unas pocas semanas aquí es echar a la totalidad de la población palestina: limpieza étnica.

Dice J. que la campaña contra esta barrera tiene el apoyo de cientos de activistas israelíes e internacionales, y que esta campaña se ha encontrado con una violenta oposición por parte del ejército israelí. Y dice Z. que Israel ha diseñado el trazado de esta barrera en particular para anexionar el sesenta por ciento de la tierra de cultivo de la villa, y expandir el asentamiento ilegal local israelí. Todos los asentamientos israelíes en el territorio palestino han sido declarados ilegales por al menos una institución internacional: las Naciones Unidas han declarado a Palestina en ocupación, incluso en una ocupación ilegal, que al parecer hay tales cosas como ocupaciones legales, y las Convenciones de Ginebra prohíben el establecimiento de asentamientos de población civil en territorios ocupados por parte de la fuerza de ocupación.

Jayyous

Ya de noche llegamos a la casa del terrateniente que ha pedido ayuda internacional, al que se le conoce por "Abu A.", que se traduce como "Padre de A.". Es frecuente que la gente cambie de nombre cuando tiene el primer hijo varón, para llamarse "Padre de" y luego el nombre del primer hijo.

Abu A. nos recibe con una cena suntuosa que todos necesitábamos, y le preguntamos cuál es la situación aquí.

"¿Queréis saber cuál es la situación aquí? Os diré cuál es la situación aquí, en un momento".

Cuando acabamos de cenar nos conduce a la sala. Hay un póster de Rachel Corrie pegado en la pared. Abu A. nos muestra fotografías de máquinas excavadoras arrancando sus centenarios olivos de cuajo, y mapas de su tierra con la valla de anexión local, que aísla al pueblo de sus tierras. Nos explica que la mayor parte de la tierra del pueblo está justo al otro lado de la valla que el Estado israelí sigue construyendo para anexionar cada vez más extensiones de tierra palestina ilegalmente. Todas esas tierras quedan entre esta valla de anexión y la línea que no paro de oír nombrar como "Línea Verde", establecida por las Naciones Unidas como frontera entre el actual Estado de Israel y el futuro Estado de Palestina.

Hay unas puertas, todas numeradas, a lo largo de esta valla, custodiadas por soldados del ejército israelí. Ningún habitante del pueblo puede usar la puerta que queda en el camino más corto a sus tierras. Los soldados no dicen la razón, pero ya hay trabajos de excavación preparando la construcción de nuevas casas, expandiendo el asentamiento israelí al otro lado, que no debería estar ahí en primer lugar. Para esto arrancaron sus árboles de raíz, para expandir el asentamiento ilegal israelí. Luego los han replantado dentro del asentamiento israelí.

El caso es que hasta hace unos años a Abu A. y a otros agricultores sí que se les dejaba usar esta puerta, pero no con tractores, con lo que la gente se vio obligada a volver a usar burros, es decir a dar un paso atrás en el desarrollo rural. Ahora deben usar la puerta siguiente de la valla. Lo que significa un viaje de unos veintisiete kilómetros hasta aquella puerta, más los veintisiete de vuelta hasta sus tierras, al otro lado de la puerta, en burro o a pie. Un viaje de hora y media sólo para dar este rodeo impuesto por el ejército en vez de unos minutos por la puerta que quedará al lado de la ampliación ilegal del asentamiento ilegal. El resultado es que quien tiene que recorrer esta distancia, andando o en burro, apenas puede pisar sus propias tierras, por lo difícil que resulta llegar hasta ellas. Luego están los casos de los más afortunados. Abu A. tiene un tractor, al que se le permite pasar por una de las puertas, pero también tiene varios hijos, a los que no se les permite entrar en su tierra. Antes, también tenía empleados. Pero ahora se necesita un permiso especial que la autoridad pertinente israelí sólo concede a quien puede probar que es dueño de la tierra y que nunca ha sido arrestado. Esto deja fuera a todos los hijos de Abu A. y a todos sus empleados. También le aleja a él de cualquier actividad política, como manifestaciones, porque suelen arrestar a gente "incómoda" en ellas. Si Abu A. es arrestado una sola vez, perderá el permiso para trabajar en su tierra, y con él, la tierra misma, y entonces su país, aún inexistente, habrá perdido parte del territorio que las Naciones Unidas le han "garantizado" para cuando exista, porque habrá sido confiscada por el Estado israelí "legalmente". Esta es la forma más cómoda de confiscar una tierra "legalmente": arrestan al propietario o simplemente le revocan el permiso para entrar en su tierra, En este contexto, el gobierno israelí se está amparando en una ley creada durante el Imperio Otomano según la cual si un campesino no atiende su tierra en tres años, esta tierra puede ser confiscada. El gobierno israelí interpreta esto como "se convierte en propiedad israelí". Supongo que aquí es donde entramos los internacionales; al menos aparecemos de vez en cuando en estas tierras, utilizando nuestro privilegio como israelíes o extranjeros, ayudando en la recolección de la aceituna y otras frutas, para al menos retrasar unos años el que les confisquen la tierra usando esta ley.

Abu A. ha estado hablando durante unas cuantas horas ya. Cuando se para sólo un momento para dejar que la información se asiente, J. lo reflexiona más o menos con estas palabras:

"Así que sólo a las personas que pueden demostrar propiedad de tierras se les permite entrar en el área que ha quedado entre la valla legal y la ilegal, que distan unos seis kilómetros en esta zona. Si una de estas personas ha sido arrestada alguna vez no tiene derecho a acceder a su propia tierra, sin que tenga importancia el hecho de que la tierra ha pertenecido a tu familia durante muchas generaciones, o de que tu supervivencia dependa de trabajar esa tierra. Este permiso de acceso conlleva que los agricultores palestinos ni siquiera pueden contratar trabajadores para ayudarles a trabajar la tierra, lo que les obliga a convertirse en agricultores a tiempo completo y les hace totalmente dependientes del producto de sus cosechas."

Y ahora nos dice Abu A. que no se les permite vender sus cosechas de mandarinas y otras frutas en territorio Israelí, ni siquiera en su propio pueblo. Lo que, ya siendo totalmente dependientes de sus tierras si no quieren que las autoridades israelíes se las confisquen, les deja sin ningún ingreso. Algunos se buscan un trabajo para sobrevivir en esta situación. Lo que no es tarea fácil donde el desempleo alcanza aproximadamente el 60%, donde la economía está totalmente ahogada por las fuerzas de ocupación, y donde esas fuerzas no han permitido a la población ocupada ninguna libertad de movimiento para que puedan encontrar trabajo en otra parte durante décadas.

Mi propia reflexión es:

"En un país normal si a alguien le confisca la tierra el Estado no deja de ser un drama personal. Pero aquí, cuando el Estado israelí le confisca la tierra a un palestino en el territorio bajo ocupación militar, ese terreno pasa a formar parte del territorio israelí, de otro país. Politización de la vida privada. Un acto de robo privado convertido en un robo político que se queda impune."

Abu A. continúa con su sencillo discurso. En esta zona no se ha hecho esto aún entre otras cosas porque la gente local ha resistido contra el robo de tierras durante mucho tiempo. Abu A. ha vendido todas sus posesiones valiosas, incluidas las joyas de su mujer, para intentar detener la confiscación ilegal de sus tierras. Ahora mismo, las obras en las tierras donde le arrancaron los árboles de raíz están paralizadas porque Abu A. ha demostrado, en los tribunales israelíes, que esas tierras son suyas y que el gobierno israelí no tiene derecho a expandir el asentamiento en el terreno donde le han arrancado los árboles. Sin embargo ya ha visto hace sólo unos días unas máquinas excavando, y ha habido explosiones para arrancar la tierra y la roca y hacer la excavación más fácil.

Lo que sucede normalmente es que el asentamiento ilegal israelí se construye mientras el proceso legal se retrasa, que puede ser años. Luego, cuando sale la sentencia, se alega una cosa que se llama "hechos sobre el terreno", que significa algo así como que: como las casas ya están hechas y ya hay gente viviendo dentro y costaría mucho echar a sus ocupantes y destruirlas, como mal menor se dejan como están, y en la práctica todo el proceso legal queda anulado. Al parecer estos "hechos sobre el terreno" son, o han sido, apoyados por el gobierno de Estados Unidos en negociaciones internacionales.

Después de esta larga conversación, Abu A. nos lleva a la casa donde vamos a pasar la noche, con la familia a la que vamos a ayudar mañana.

Esta familia también nos ofrece de cenar, mientras los hijos e hijas ven en la tele una película estadounidense con subtítulos en árabe. El comedor consiste en un colchón - dos más cuando llegamos nosotros - y una estera en el suelo haciendo de mesa. En seguida el sitio se llena de platitos con comida que la madre de la familia ha hecho ahora mismo y todos untamos pan.

El padre, F., y el sobrino, H., nos hablan en inglés, así como otro hombre, mayor, que se presenta como el tío de F. Su inglés es más básico que el de los demás y es el único que lleva en la cabeza un caffia. Me cuenta cosas de su infancia, sobre todo sobre la cantidad de tierras que tenía su padre, y que el gobierno israelí le ha confiscado ilegalmente. Me cuenta también que de pequeño iba a la escuela con Abu A., pero a él sus padres no pudieron pagarle la universidad, y por eso no habla inglés tan bien como Abu A.

En la casa hay lo menos ocho niños. Es difícil contarlos porque casi todos están jugando y moviéndose por la casa. Parece que sólo hay dos habitaciones en esta casa así que acomodarnos no es la tarea más fácil del mundo. Los chicos se quedan a dormir con el padre en la habitación de los niños y yo duermo en la habitación del matrimonio con la madre y el niño más pequeño.

Nos indican dónde está el baño y entramos uno por uno. Por conversaciones posteriores, me entero de que uno por uno buscamos en el pequeño habitáculo la taza donde se sienta uno, pensando que nos están tomando el pelo o que ha habido un serio malentendido. Al cabo de un rato de búsqueda atolondrada reparamos en el agujero en el suelo, con dos pequeñas plataformas, del tamaño de un pie cada una, a cada lado.

Después de usar el baño nos explican que, aunque podemos dejar nuestras baterías cargando toda la noche, sólo estarán cargando unas pocas horas, porque no hay electricidad por la noche.

Voy a la habitación del matrimonio y la madre me ofrece que duerma yo en la cama, donde ya está el niño pequeño durmiendo, con la luz encendida. Imagino que si acepto ella dormirá en el suelo así que le digo que prefiero dormir en un colchón el suelo. Ella insiste y me tengo que negar varias veces pero al final la señora pone un colchón en el suelo para mí. Me acomodo entre las mantas, aún con la luz encendida, y espero a que llegue la buena mujer a dormir. Pasa el tiempo y no viene, así que me levanto y apago la luz para poder dormir. Acto seguido, el niño se despierta y empieza a llorar. Enciendo la luz y poco después me duermo, con la luz aún encendida, y cuando me despierto a las cuatro de la mañana, la luz está apagada. Ya no habrá electricidad hasta las ocho de la mañana.

Tercer martes - **Racionamiento de agua**

Me despierto cuando aún es de noche y demasiado pronto para que haya electricidad, así que no hay ninguna luz en la habitación. La madre de la familia ya se ha levantado y vestido; está rezando en susurros, ahí levantada, junto a su cama. Cuando termina abre la puerta y se marcha. Yo también me levanto y pongo las mantas y el colchón en la esquina de donde salieron.

A eso de las seis y media salimos sin desayunar para aprovechar la luz del día. Fuera se nos une el sobrino al que conocimos anoche, H.

Nos montamos todos, incluida la madre y el niño pequeño, en el remolque del tractor de F., y nos dirigimos hacia una de las puertas por donde tienen que pasar ahora para ir a su tierra. En el camino, aún en el pueblo, otra familia se acerca al tractor y F. apaga el motor. F. habla con los hombres y su mujer habla con la mujer, exactamente igual que cuando dos familias se encuentran en un pueblo occidental.

Según llegamos a la puerta saco la cámara para inmortalizar el momento y tanto la madre como el sobrino me dicen rápidamente que no, con las manos y la cabeza.

Mientras F. discute con los soldados las razones por las que no nos dejan pasar, una señora occidental con un chaleco de EAPPI se vuelve de la puerta. A ella tampoco le han dejado pasar. Se sienta en una piedra junto a la carretera y nos mira y escribe algo en su cuaderno mientras F. habla con el soldado.

Cuando hablamos con ella, después de comprobar que no nos dejan pasar, nos dice que este "sistema" de dar permisos (cualquiera que sea ese "sistema" no escrito) no es en absoluto consistente, y que a ella le han dejado pasar otros días. Ayer mismo, por ejemplo, otros extranjeros como nosotros pudieron pasar. Nos dice que "cada soldado es un oficial", permitiendo pasar a algunas personas y no permitiendo a otras, según les plazca, de una forma completamente arbitraria.

Ella ha estado documentando todo esto, como parece que es la función de EAPPI en esta puerta en particular. EAPPI significa "Ecumenical Accompaniment Programme in Palestine and Israel", Programa de Acompañamiento en Palestina e Israel. También nos dice que hay dos soldados por cada persona que vive en la colonia. Esto me confirma que los asentamientos no tienen nada que ver con la "convivencia entre dos culturas", que son toda una operación militar y que lo de las puertas no tiene nada que ver con la seguridad en absoluto. Algunos pueden pasar, otros no, al azar, sin criterio. Es descaradamente solo cuestión de jugar con el tiempo y los recursos de la gente, hasta hartarles tanto y hacer sus vidas tan imposibles que no tengan otra opción que dejar sus tierras.

Lo único que se puede hacer cuando un soldado armado te dice que no pasas por esa puerta es callar y volverse, así que eso es lo que hacemos. Peor que volverse es ver a F. hablar amigablemente con el soldado y darle la mano. Pero tiene que hacerlo porque necesita mantener un poco de paz y buenas relaciones que al menos le permitan utilizar esta puerta de vez en cuando, la próxima vez que el soldado que toque se sienta tan satisfecho de sí mismo y de F. que le deje pasar.

F. va intentar pasar por otra puerta, donde sólo se permite pasar a los propietarios de tierra, así que nosotros tendremos que intentar aún otra puerta, a unos cuantos kilómetros de ésta. Para que no tengamos que caminar durante horas, entre Abu A. y él arreglan para que venga un coche a buscarnos.

F. nos deja en una carretera muy transitada y nos recoge un coche dispuesto a llevarnos los otros veinticinco kilómetros hasta la siguiente puerta, mientras la familia pasa por la puerta por donde tienen derecho a pasar.

En la siguiente puerta, donde nuestro conductor estaba seguro de que le iban a dejar pasar con el coche, no nos dejan pasar tampoco, y tenemos que ir hasta la siguiente - otros quince minutos en coche. Finalmente pasamos al lado israelí de la valla-muro y, bordeando el asentamiento israelí, nos dirigimos finalmente a las tierras donde vamos a ayudar.

Cuando nos encontramos por fin con la familia en su tierra han pasado tres horas desde que hemos salido de la casa. Tres horas para recorrer lo que en circunstancias normales y legales llevaba veinte minutos andando.

Y este no es el final del viaje. Aún queda llegar a los árboles en que trabajaremos hoy. Nos montamos en el remolque de nuevo y F. nos lleva por caminos de piedras que hacen saltar al tractor y al remolque.

Durante una media hora viajamos en paralelo a una carretera de uso exclusivo israelí. También hay puertas de acceso a esa carretera, que está totalmente lisa y perfectamente iluminada: nada que ver con el camino de cabras por el que venimos saltando. F. nos dice que esta carretera se ha construido sobre la que existía antes, que la podía usar todo el mundo incluido él mismo y su familia, tardando unos diez minutos lo que ahora lleva una media hora.

La carretera israelí tiene un arcén a cada lado, el doble de ancho que la propia carretera, de tierra y arena. La función de la arena perfectamente lisa del arcén es en realidad recoger las huellas de pisadas de intrusos. F. explica que la comprueban y la alisan al menos dos veces al día. Fig 8

Efectivamente, la carretera, teniendo una valla a cada lado, actúa como un muro. Al menos en el lado que alcanzamos a ver, hay una valla doble con alambre de espinos enrollado en el suelo, de tal forma que, si la intentas burlar, primero te electrocutas con la primera valla o te detectan los sensores electrónicos para que los soldados puedan dispararte a matar. Si no te matan, saltas y te haces heridas con el alambre del suelo, y si llegas a saltar la segunda valla, tus pisadas en el arcén te delatan, y si no te han matado de un tiro aún, lo harán ahora.

En teoría todas estas barreras actúan como protección contra terroristas palestinos. En la práctica lo que se consigue es hacer la vida bastante imposible a agricultores palestinos como F., que tienen que viajar durante dos o tres horas cada vez que van a sus propias tierras.

Cuando finalmente llegamos a la tierra de F., nos encontramos en el espacio entre la "Línea Verde" y la valla-muro ilegal, una franja de unos seis kilómetros de anchura entre la frontera internacionalmente acordada entre los estados de Israel y Palestina y el muro que el Estado de Israel está construyendo dentro del territorio palestino. Las tierras pertenecen a granjeros palestinos y las Naciones Unidas dicen que esto es territorio Palestino, lo que debería convertirse en el país de Palestina. Pero el gobierno israelí dice que es territorio israelí. Por eso los palestinos requieren un permiso especial de las autoridades israelíes para acceder a sus propia tierras.

En los territorios israelíes donde la titularidad de las tierras ya no se discute (fueron compradas más o menos ilegalmente, o simplemente robadas, hace tanto tiempo que parece que las Naciones Unidas las reconocen como tierras israelíes), hay alumbrado más que suficiente. Como en cualquier país occidental. No en estas tierras. No hay una sola lámpara aquí, así que sólo se puede trabajar mientras haya luz solar. Teniendo en cuenta que hemos perdido tres horas en sortear esa valla ilegal, que los permisos no duran los días necesarios, y que no hemos desayunado hoy, F. está de bastante mal humor y queriendo recuperar el tiempo perdido.

Mientras trabajamos, Abu A. y F. parecen darse cuenta de que no es practicable perder tres horas por la mañana y otras tres horas por la tarde para que podamos ayudarles todos los días y que deciden que nos quedemos en el cobertizo de Abu A., aún entre la valla ilegal y la Línea Verde. Para cuando llegamos al cobertizo, nuestras mochilas, que habíamos dejado en casa de F. pensando que íbamos a hospedarnos allí unos días más, están en el cobertizo. Nos quedamos todos maravillados y agradecidos de que no falta nada de todo lo que habíamos dejado por las diferentes habitaciones. También hay cena para todos que, aunque no tan suntuosa como la de ayer, nos deja igualmente llenos. También hay agua caliente preparada, calentada por una hoguera justo fuera de la construcción de cemento, bajo el tanque de agua, para que podamos ducharnos al menos uno de nosotros cada día. Lo único que no tendremos aquí será electricidad. Pero tendremos agua corriente dentro de la casa - y, si queremos, caliente - y no pasaremos hambre. No todos los palestinos tienen estos lujos.

Durante la cena Abu A. nos habla del agua y su administración en esta zona. A los palestinos se les pone un límite tan estricto en la cantidad de agua que pueden usar de sus propios pozos, que tienen que rotar el riego de sus campos. Algunas parcelas se riegan un año y el resto el segundo año, de forma que cada año sólo la mitad de la tierra está cultivada. Los habitantes del asentamiento ilegal israelí, en cambio, utilizan agua de esos mismos pozos generosamente para su uso diario, sus piscinas y sus jardines, sin tener que preocuparse de rotar. A los palestinos ni se les permite abrir más pozos en sus propias tierras. Abu A. ve el consumo total

Fig 8: Carretera israelí junto a Jayyous

desde su tierra y piensa que los colonos israelíes la derrochan, o al menos que la usan sin control.

Le preguntamos a Abu A. qué pasaría si decidiese no respetar el límite del agua y nos responde que los soldados simplemente cortarían todas las tuberías que llevan el agua a todas las tierras que aún están en manos palestinas. El ejército israelí comprueba regularmente el consumo de agua por parte de los palestinos, y ha amenazado con no dejarles usar nada de su propia agua si sobrepasan la cuota que les está permitido usar. También se les ha denegado el derecho a abrir nuevos pozos desde los años setenta. Así que mientras el asentamiento ilegal israelí crece y se expande, no se pueden abrir más pozos en tierra palestina, y todo el área, más de seis kilómetros cuadrados, junto con el asentamiento israelí, opera con sólo el agua de cinco pozos.

Se calcula que hay unas cien casas habitadas en el asentamiento ilegal israelí. Pero construídas hay unas quinientas, nos dice Abu A. Entonces habla de cierto hombre judío muy adinerado que vive en el extranjero y se dedica a financiar casas en futuros asentamientos israelíes, sin importar si hay o no demanda para esas casas, que en su mayoría se quedan vacías hasta que alguien accede a mudarse. Como en el caso del asentamiento junto a esta tierra, donde sólo una quinta parte de las casas está habitada.

Como si cuatrocientas casas vacías no fuesen suficientes, ahora se planea la construcción de mil quinientas (1.500) nuevas casas. Todo esto, en tierra de Abu A. Es para la construcción de estas nuevas casas que arrancaron de raíz los árboles de A., y por ellas no se les deja usar a los palestinos las rutas más directas para entrar en sus propias tierras. Y hablamos de un asentamiento que ya desde su concepción es ilegal; tanto el asentamiento como la extensión planificada son ambos ilegales.

Abu A. nos dice que la semana pasada los colonos erigieron banderas alrededor de la tierra confiscada (que ni siquiera está aún oficialmente confiscada porque Abu A. lo está litigando en el juzgado), para marcar la expansión del asentamiento. Dice J. que este es un método también utilizado en Estados Unidos (él se empeña en llamarlos simplemente América) para demarcar áreas en construcción.

Tercer miércoles - **"Los colonos me quitaron la tierra"**

Hoy también vamos a recoger aceitunas con F. y su familia. Hemos dormido en el cobertizo, que queda entre la Línea Verde y la valla ilegal. Dicen que es sólo una valla por la seguridad para el asentamiento israelí, pero en vez de ponerla junto al asentamiento israelí, la ponen justo a seis metros de las últimas casas de la villa palestina.

Sin puerta que cruzar hoy, podemos permitirnos el lujo de dormir hasta las ocho de la mañana. Aun así, este cobertizo está bastante lejos del área a donde tenemos que ir, junto al asentamiento, y tenemos que viajar por un camino de cabras para llegar hasta allí. J. lo llama elegantemente un "camino rocoso".

Antes de que levantaran la valla F. podía cubrir la mayor parte de la distancia a su tierra por carreteras pavimentadas y sólo tardaba diez minutos. Ahora tiene que cruzar la valla y luego venir por este camino, que de hecho discurre contiguo a la valla con su bonita carretera bien asfaltada. En hacer toda la travesía tarda más de una hora, obligado como está a conducir este viejo tractor con su remolque que no hace más que saltar sin control, habiendo como hay carreteras asfaltadas, y puertas que quedan justo enfrente de su tierra. Pero las carreteras agradables son sólo para israelíes y las puertas están cerradas para los palestinos.

Ya se han producido embargos de tierras en muchas zonas. El tío de F. nos señala la parcela de tierra que era propiedad de su familia, explicando que ahora la usan los habitantes del asentamiento. El sobrino de F. no parece tener más de diez años, y él también tiene una historia que contar: toda la tierra vacía que queda a nuestra derecha, hasta donde se puede divisar, era de su padre. Nos dice que los colonos simplemente tomaron la tierra y ahora la usan con la protección del ejército. Ya no hay olivos en esa tierra.

De nuevo pasamos la noche en el cobertizo y, cuando llegamos, nos encontramos no sólo el agua caliente preparada para una ducha, sino también una fogata fuera del cobertizo, junto a la puerta.

Es costumbre de algunos palestinos sentarse fuera de sus casas y encender fogatas en platos especiales, con patas, como si fueran pequeñas mesas redondas. Después de unas horas, cuando el fuego se reduce a brasas y ya no produce humo, lo meten dentro de la casa y calienta al menos la sala de estar. Abu A. esta ahí esperándonos y todos nos sentamos fuera, alrededor del fuego, con él.

En la distancia se oyen sonidos de fiesta, y música que suena como pop. Me choca porque es la primera vez que oigo música de estilo occidental en Palestina. Abu A. nos dice que la fiesta es en el asentamiento israelí, y de hecho es de allí de donde viene el ruido, no de la aldea palestina. Nos dice también que suena a que se están emborrachando, o algo por el estilo, en el asentamiento, y que en Palestina ese problema no hay porque la religión islámica prohíbe el alcohol, pero, a cuenta del estrangulamiento de la economía palestina por parte del Estado israelí, la gente no tiene trabajo, etc., hay serios problemas de drogas entre la juventud palestina.

Es frecuente que, incluso desde donde estamos ahora, lejos del pueblo, se oigan las llamadas a la oración desde las mezquitas del pueblo. Yo ya me he acostumbrado a estas llamadas. En un momento dado, la llamada a la oración, normalmente cantada, se convierte en un monólogo rápido. Abu A. nos pide silencio con un gesto y escucha con atención. Al final, nos dice que es un aviso de que a partir de mañana se cambiará el horario de apertura de la puerta.

Le miramos asombrados - ¿es así como los campesinos pueden enterarse de cuándo pueden o no pueden trabajar en sus tierras? Abu A. explica: los soldados no están siempre en las puertas, y cuando una puerta está desatendida, está cerrada. Esto es completamente arbitrario, y no lo avisan con antelación. Algunas veces los soldados pueden saber las horas de apertura del día siguiente, pero si ese día no pasas por esa puerta, o simplemente no se acuerdan de decírtelo, o te dicen que no saben, no te enteras, y al día siguiente te encuentras la puerta cerrada, sin soldados y sin información.

Así que hoy el ejército israelí ha decidido cambiar el horario de alguna puerta sin previo aviso - en realidad sin ningún aviso. Son los propios vecinos los que se pasan el mensaje unos a otros, y ahora se hace el anuncio desde la mezquita para que todos lo oigan y evitar que la gente se quede atrapada en su tierra cuando la puerta se cierre una hora antes mañana por la noche.

Antes de que nos podamos recuperar y asimilar esta información Abu A. empieza a cantar canciones contra la ocupación que, dice, son más viejas que la ocupación actual.

"¿Y eso?" le preguntamos.

"Mira. Mi padre nació bajo la ocupación del Imperio Otomano. Yo nací bajo la ocupación del Imperio Británico. Y mis hijos han nacido bajo la ocupación israelí. Así es la vida". Y lo dice con una amplia sonrisa, mirándonos expectante, como esperando ver también nuestras sonrisas. No puedo menos que callar y sonreír.

Le pregunto entonces si todas las ocupaciones fueron iguales, si las ocupaciones otomana y británica fueron tan brutales como ésta.

"Por supuesto que no. Ésta es la peor con mucho. Las anteriores, sólo fueron gobiernos que ocurría que eran extranjeros".

Lo que sigue luego es una conversación sobre política. Abu A. nos dice lo mucho que nos respeta a los internacionales que dejamos las comodidades de nuestros países, y etc. etc. Dice que nuestra mera presencia es lo más importante aquí, no lo duro que trabajemos, cogiendo aceitunas o lo que sea. Eso no es importante. Lo importante es que mostramos nuestro apoyo. Nuestros gobiernos son los que deberían hacer algo pero, a falta de eso, al menos ven que no están solos en su lucha.

"Pero, vuestros gobiernos", pregunta Abu A. sin esperar respuesta, "¿por qué no hacen nada por nosotros, contra Israel? Han declarado el muro ilegal, los asentamientos ilegales, la ocupación ilegal, ¿por qué no hacen algo?"

"Hacer algo significaría plantar cara al país más poderoso del mundo. Y ningún gobierno puede permitirse o se atrevería a hacer eso."

"Exacto", contesta Abu A. con una amplia sonrisa. Y sigue con lo importante que es nuestra misión aquí en Palestina y de vuelta en casa, contando lo que hemos visto aquí.

También dice que, todo esto siendo mucho, le gustaría pedirnos que hiciéramos algo más. Nos recuerda que un boicot global ayudó que acabara el régimen de apartheid en Sudáfrica, y si funcionó allí, también debería funcionar aquí. Le gustaría que lleváramos este mensaje, boicotear los productos de Israel para que acaben sus violaciones de los derechos humanos, como el boicot acabó con el apartheid en Sudáfrica.

Le respondemos que, desgraciadamente, hay muchos más intereses económicos en el apoyo a Israel que los que hubo por el apoyo a Sudáfrica.

"¡Exacto!", y sacude la cabeza con una sonrisa.

Tercer jueves - **La Línea Verde**

Hoy Abu A. nos lleva en un "tour" por la zona de camino a sus arboledas. Para ello nos montamos en su tractor, así que hoy también sufrimos un camino de cabras, aunque hoy es otro. Vemos pues un tramo diferente del muro fortificado que tiene la forma de una carretera vallada.

Abu A. también nos enseña el único pozo del que se saca el agua que riega toda la tierra que podemos ver, además del asentamiento ilegal israelí. Abu A. para el tractor y nos enseña los contadores de agua. Nos explica que los soldados israelíes lo miran a menudo, una vez a la semana, al menos, para comprobar el uso de agua de los palestinos.

También nos enseña el permiso que le permite a él, pero no a su hijo ni a su mujer, acceder a su tierra por ciertas puerta. El permiso está en hebreo solamente, lo que me choca teniendo en cuenta que este permiso va a ser para un palestino, y que en ciudades como Jerusalén todos los carteles están en hebreo, árabe e inglés. Nos explica lo que hay incluído en el papel del permiso: el nombre de la persona a la que se permite pasar por la puerta, el número de la puerta específica, los días en los que se le permite el paso, si se le permite pasar la noche o no... A la mayoría de los granjeros no se les permite quedarse por la noche en sus propias tierras.

Algunos de estos agricultores entienden hebreo, si han trabajado antes en Israel. Pero este documento no pretende ser una comunicación entre el Estado y el granjero; es solamente un medio de comunicación entre las autoridades israelíes y los soldados, sobre los palestinos.

Así que si un día el soldado de turno le dice que según este documento no puede pasar por ninguna puerta, el palestino no puede siquiera discutírselo - incluso si sabe hebreo y puede discutírselo, nos dice Abu A. Cada soldado es un oficial, y lo que se permita o no depende del humor del soldado del día.

Nos montamos en el tractor de nuevo y Abu A. nos lleva hasta cerca de la Línea Verde, donde debería estar el muro si Israel respetase los tratados que ha firmado. En algunas partes la distancia es tal que no se puede ver la Línea Verde desde el muro. En este tramo, el "muro" está fortificado con dos vallas de alambre de espino separadas por unos metros cubiertos de alambre de espino enrollado. Una de las vallas parece que está electrificada, o al menos con algún tipo de sensores electrónicos.

Cuando llegamos a su tierra nos llevamos una sorpresa porque no hay olivos, sino naranjos. Nos explica que antes tenía verduras, pero con todo esto de las puertas y los permisos se le pudrían porque no le dejaban entrar en su propia tierra cuando necesitaban riego o estaban a punto para recolectar, así que plantó árboles. Los árboles no necesitan tanta atención y cuidado.

Recogemos suficientes mandarinas para llenar dos cubos cada uno y Abu A. insiste en que nos quedemos unas cuantas. Luego nos lleva a donde estaban los árboles que arrancaron de raíz, los de las fotos de la primera noche. Hoy hay retoños de nuevos árboles saliendo de las raíces que aún quedan de los árboles arrancados. Parecen recién plantados.

Hay bastante gente en el cobertizo de Abu A. cuando llegamos, justo antes de que anochezca. O., un judío israelí, ha traído en su coche a nuestro relevo. Probablemente nos iremos mañana, pero ahora cenaremos ricamente en familia lo que la mujer de Abu A. ha cocinado en casa.

Como ciudadano israelí, O. tiene un coche con una matrícula de las que se parecen tanto a las de la EU, con la “I” de Israel, que le da acceso a las carreteras perfectamente asfaltadas israelíes, y derecho a pasar por controles militares sin tener que bajarse del coche.

Como nosotros, O. utiliza sus privilegios para intentar hacer las vidas de los palestinos algo más soportables. A diferencia de nosotros, él lo ha estado haciendo todos los días durante años, no sólo unas cuantas semanas o meses como nosotros.

El resto de la gente sentada a la mesa son miembros de CCPT que conocen a Abu A. y a su mujer desde hace algún tiempo. G. hace un comentario sobre la cantidad de comida que Abu A. nos está dando. Abu A explica un poco sobre sus obligaciones islámicas religiosas de hacer tres partes de cualquier cosa que recibe, dando un tercio a los pobres y compartiendo otro tercio, y este es cel tercio de un camello que le han dado y que está compartiendo con nosotros.

Hablamos también de lo que hemos visto hoy y J. resume al final:

“Todos los asentamientos en la zona palestina de la 'Línea verde' son ilegales de acuerdo con las Convenciones de Ginebra, que prohíben a las fuerzas de una ocupación que transfieran a su población civil a territorios ocupados. Y las Naciones Unidas han clarificado que Cisjordania y Gaza son territorios ocupados y por tanto Israel debería someterse a la legislación internacional sobre territorios ocupados. Así que tanto la valla, como el asentamiento, como su extensión, son ilegales.”

“Sí, pero ¿cuándo ha respetado Israel los acuerdos internacionales, incluso los que ha firmado?”

Tercer viernes - **De vuelta a Israel**

Me despierto antes de que amanezca y salgo del cobertizo. Desde detrás de unas montañas algo lejanas sale un poco de luz, pero el sol está aún oculto detrás de ellas. La luz es de un color muy especial naranja-verde en el cielo, justo encima de la montaña; el resto del cielo se vuelve cada vez más azul. Lentamente aclara y las estrellas desaparecen en la luz del día. El aire es deliciosamente fresco y limpio. Vuelvo al cobertizo y encuentro fuera a J., que ha salido también a ver amanecer, y ahora vuelve, listo para preparar el desayuno para todos.

Mientras preparamos el desayuno juntos, acordamos que deberíamos pedir a O. que nos lleve en coche para salir de los "dominios" de este asentamiento y luego ir a donde sea que se nos necesite, ahora que hay gente de EAPPI que está tomando posición aquí en Jayyous.

Empiezan a salir todos del cobertizo a la llamada del olor de comida y desayunamos. O. nos llevará a su casa y podremos usar su lavadora y su ducha. No esperábamos este gesto ni por asomo. Va a ser el lujo del mes. ¡Ducha y lavadora!

Después de desayunar nos despedimos y nos vamos con O.

En un coche con matrícula israelí y con un ciudadano israelí al volante, pasamos por la puerta sin ningún problema. O. es libre de elegir la puerta que más conviene para ir en coche a la ciudad donde vive. Rápidamente llegamos a una carretera israelí, muy similar a cualquier autovía española, sólo que con colinas a ambos lados, como si hubieran cortado una pequeña montaña por la mitad para construir esta carretera. O. explica que hacen esto cuando construyen las carreteras por las que sólo se va a permitir circular a ciudadanos israelíes, para que no puedan ver las condiciones en las que el gobierno israelí hace vivir a los palestinos - con sus "carreteras" de cabras, los "vehículos" que se les permite conducir, y los cobertizos que usan como casas después de los derribos.

Una vez en su casa, nos deja usar su electricidad, su ordenador, su internet, su lavadora, su ducha y sus sofás. Esto nos prepara para nuestro próximo viaje. Mañana J. y yo vamos a un pueblo en las montañas, al norte de Nablus, donde hace algunos años los colonos del asentamiento ilegal del lugar echaron a todos los palestinos del pueblo a base de aterrorizarles, sobre todo por las noches. Les invadían el pueblo de noche, destruyendo cuanto podían, les envenenaron el pozo, única fuente de agua para todo el pueblo y les quemaron el generador de electricidad, que les había donado la ONU. Apedreaban a cualquiera que se pusiera en su camino y hubo un asesinato. Los habitantes escaparon del pueblo y hubo mucha atención mediática local e internacional, pero, sabiendo que en cuanto ésta desapareciera se iban a ver abocados a la misma situación de terror, sólo accedieron a volver al pueblo con la condición de que hubiera en todo momento una presencia internacional. Normalmente EAPPI provee esta presencia continua, pero estos días tienen una reunión de toda la gente "destacada" en Palestina y la gente que estaba estacionada aquí también quería acudir. Así que se nos ha pedido que "cubramos" la zona mientras ellos están en esta reunión. Es nuestra nueva "misión".

Tercer sábado - **Yanoun**

Mientras O. nos lleva en su coche a la ciudad más cercana a Yanoun, Aqraba, nos habla del último incidente que ha pasado allí. Un colono hirió a un palestino, que por suerte está vivo, recuperándose en el hospital.

Nos apeamos del coche de O. en Aqraba y él continúa su viaje, después de encargarnos un taxi. Esperamos en el mismo sitio donde nos deja, con nuestras bolsas en el suelo, junto a la carretera. A nuestro lado hay un pequeño muro de piedra. Unos cuantos metros más allá, también junto al muro, hay unos seis o siete hombres sentados en semicírculo. Por supuesto nuestra presencia no pasa desapercibida. Nos preguntan de dónde somos y luego nos dicen que el taxi que ha encargado O. estará aquí en diez o quince minutos. Entonces otro hombre aparece como de la nada y nos ofrece dos sillas que no podemos rechazar.

Y luego se nos acerca otro hombre. Lleva un caffia en la cabeza y es más anciano que los demás. Primero le pregunta a J. de dónde es, y luego:

"Y su compañera, ¿de dónde es?"

J. me deja contestar. Nos dice que es el alcalde de Aqraba y la conversación toma derroteros políticos y religiosos. Le pregunta a J. si cree en Dios y J. le dice que no es religioso. El hombre parece encontrar difícil entender que alguien no crea en Dios. Le hace a J. algunas preguntas más intentando entenderlo y entonces me pregunta a mí. Cuando le digo que sí, suspira, aliviado, como diciendo: "Bueno, al menos no son los dos".

Después le pregunta a J. qué ha estudiado. J. le contesta que hasta la secundaria. El hombre insiste, así que entendemos que se refiere a la universidad.

"No, no he ido a la universidad", dice J. El hombre pone cara de no entender:

"Pero todos los americanos van a la universidad. ¿Por qué usted no ha ido a la universidad?"

"Vengo de una familia pobre"

"¿Pobre?" El hombre se rasca el caffia como diciendo: "A ver si lo entiendo". Nosotros le miramos algo divertidos. "¿Pobre, en América?"

J. y yo nos mordemos el labio inferior. Le explicamos que en América, y en todo el mundo, hay pobres, no sólo en países como éste. Sospecho que el hombre se queda sin entenderlo, sin creernos o las dos cosas.

La gente palestina ha estado viendo extranjeros, sobre todo de los EEUU, durante muchos años; gente que ha venido en solidaridad, como nosotros. La buena consecuencia de esto es que saben distinguir entre gobiernos y gobernados. La mala consecuencia es que, teniendo contacto sólo con la gente que venimos, se han ido haciendo a la idea de que todos los occidentales, especialmente los habitantes de EEUU, son vegetarianos y han ido a la universidad.

Así que ahora se encuentran con la muy diferente historia de J., que sí es vegetariano pero se ha pasado dos años trabajando y ahorrando para poder venir aquí, y nunca ha ido a la universidad. Un estereotipo que se han formado a base de tantas y tantas historias personales de la gente que han conocido acaba de irse al garete.

J. le pregunta por el suceso de hace unos días. El alcalde nos dice que el hombre es un familiar suyo, un primo. Estaba en su tierra recolectando sus aceitunas cuando se le acercó un colono, un hombre armado. El campesino cogió una piedra instintivamente para defenderse. A los palestinos no se les permite tener armas, ni siquiera en su casa, y no pueden andar con cuchillos o navajas por la calle, mientras que a los colonos se les permite, incluso se les anima a que lleven metralletas de las grandes colgadas del hombro, y hay denuncias de que estas armas las financia el gobierno israelí para los colonos.

El colono le chilló algo así como:

"¡Qué haces en mis tierras!" y el labrador le dijo que esas eran sus tierras, que su familia las ha tenido por generaciones, y que había venido a recoger sus aceitunas, como todos los años. El colono le chilló de nuevo diciéndole que esas tierras son suyas por derecho divino, puesto que lo dice la Biblia, y que el palestino no tenía ningún derecho a pisarlas.

En este punto el campesino tiró la piedra al suelo, lejos del colono, y entonces el colono, con la culata de su rifle, le dio en la cara muy fuerte, haciéndole una herida grande.

"Lleva diez días en el hospital", nos dice el alcalde de Aqraba.

Durante su discurso he sacado mi cámara y he tratado de grabar sus palabras. El alcalde se ha puesto cada vez más solemne desde que se ha dado cuenta de que hay una cámara grabando. Le decimos que no somos periodistas, que trataremos de sacar esto en nuestros propios círculos, pero él simplemente sigue con su pose digna de alcalde, explicando...

Cuando el taxi viene por fin, devolvemos las sillas y nos despedimos de todos los hombres. El alcalde nos ofrece su casa para que vayamos a comer cuando queramos, pero, siendo nuestra función permanecer en Yanoun para evitar en lo posible episodios como el relatado, no podemos aceptar su ofrecimiento.

El taxi nos lleva por una carretera muy estrecha que es el único acceso a Yanoun desde territorio palestino. La carretera es diminuta, pero recién asfaltada. El taxista nos explica que antes era un camino, hasta que un banco de Arabia Saudí financió las obras de asfaltado.

Llegamos al "piso internacional" en Yanoun. Hay tres internacionales ya aquí, pero dos de ellos se van mañana y siempre debería haber dos internacionales aquí. Nos explican la situación en Yanoun.

El pueblo está situado en la ladera de un monte, que a su vez está rodeado de otros dos montes que dejan un valle entre ellos, por el que discurre la carretera. El asentamiento ilegal de colonos israelíes se extiende por los tres montes, aunque no se ve ninguna casa desde aquí. Todo lo que se ve desde Yanoun son las garitas de los soldados y algunos barracones en los dos montes de los lados, de forma que la villa es vigilada desde la derecha y desde la izquierda, y seguramente desde arriba también.

Por la noche se encienden focos potentísimos que caen sobre el pueblito, para que los soldados, y probablemente también los colonos, puedan tener una visión clara del pueblo toda la noche. En cuanto a las calles en sí, la iluminación es muy pobre, financiada también a base de caridad.

Los límites de la zona por los que podemos caminar están muy claros. Internacionales y palestinos sólo podemos ir hacia Yanoun de Abajo por la carretera, o por las tierras a su derecha. No las de la izquierda. Por la montaña de la izquierda no pueden ir más que israelíes. En el monte de la derecha hay una casa de una familia palestina que es el límite; no se puede ir más allá de ella. Y, monte arriba, unas rocas son la "frontera". Si no respetamos estas normas, nos podrán disparar desde las garitas.

Nuestras funciones aquí son dejarnos ver, tener contacto con las familias del pueblo, y avisar a ciertas autoridades y activistas israelíes si vemos colonos yendo hacia el pozo o hacia el nuevo generador eléctrico.

En un país normal, lo lógico sería llamar a la policía en casos de emergencia. Aquí, si los palestinos se acercasen a los soldados para pedirles ayuda, éstos les detendrían para arrestarlos. Si los palestinos se atreviesen a encararse con los colonos que les destruyen las cosas que necesitan para vivir, probablemente les dispararían.

L. nos cuenta la historia de un hombre que iba andando por la carretera a Aqraba y se le acercaron dos soldados. Le dijeron que fuese a la otra parte de la carretera y se negó, sabiendo que los palestinos tienen prohibido ir a esa parte. Los soldados insistieron y él oyó decir a uno de ellos en hebreo que lo primero que había que hacer si obedecía e iba a la otra parte de la carretera, sería retenerle y llamar a la policía para que le arrestara, por ir a la parte prohibida de la carretera. El insistió en que no podía ir a esa parte de la carretera, y le detuvieron por desobedecerles.

Hay organizaciones israelíes que están en contacto con este proyecto, como "Rabíes por los derechos humanos". Uno de ellos se ha puesto a disposición de este pueblo para cualquier emergencia, incluso por la noche. Esto es porque si llama un palestino o un extranjero a las autoridades no le hacen ningún caso, pero es distinto si quien llama es israelí.

L. nos lleva a la casa de una de las familias locales y después de hablar unos segundos nos invitan a cenar - unos cuantos platos pequeños con hummus, aceite de oliva, salsa de tomate, huevos, zatah, aceitunas... L. lleva ya unos cuantos meses por aquí y está aprendiendo árabe, así que se establece una conversación en árabe en una esquina del suelo-hecho-mesa con él mientras en el resto de la habitación se habla en inglés.

Como de costumbre, los habitantes del pueblo donde nos hospedamos nos ofrecen detalles de su historia: Hace dos o tres años los colonos empezaron una campaña de asaltos nocturnos en el pueblo aterrorizando a los palestinos, viniendo con capuchas blancas en plan Ku Klux Klan. Una de las veces se bañaron en el único pozo que provee de agua a este pueblo, y también bañaron a sus perros, para inutilizar el agua totalmente. También destruyeron el generador de electricidad, que había sido pagado por algún programa caritativo de las Naciones Unidas. Los colonos dijeron que nadie les había pedido permiso a ellos para instalarlo, y por tanto era su deber destruirlo. Todo esto pasó, nos dice la familia, mientras los soldados miraban y se reían sin hacer nada. Los colonos finalmente mataron a uno del pueblo y todas las familias decidieron marcharse. El pueblo entero se quedó vacío excepto por dos personas que no tenían ningún familiar que les pudiera acoger en otra parte.

Hubo bastante movida en cuanto a presencia mediática local y extranjera y entonces vinieron los internacionales. Los palestinos querían volver a su pueblo a llevar vidas normales, no a mirar a lo alto de las colinas con terror a los colonos. Así que pidieron a los internacionales que se quedaran y les protegieran, aunque fuera con su presencia, que parece suficiente, y eso que todo lo que tenemos como armas son nuestras cámaras y nuestras palabras y nuestro privilegio como ciudadanos de países ricos, en contraste con las M16 de los soldados y colonos.

Nos dicen que algunos colonos les dijeron a los palestinos que los periodistas se irían y los internacionales también, pero que ellos, los colonos, siempre se quedarían. Pero los internacionales no se han marchado desde entonces, y aunque no podemos evitar sucesos puntuales como el último, la vida ha seguido con relativa paz en el pueblo, aparte del ocasional acoso o ataque de colonos o soldados.

Una de los muchos hijos de la familia, una niña preciosa, se queda mirándome casi alucinada y en un punto le pregunto en inglés:

"¿Cómo te llamas?"

Sigue una conversación muy básica entre ella y yo y me invita a ir a la escuela con ella mañana.

Volvemos a casa, descansamos y hablamos sobre lo que los del pueblo nos han contado. Le cuento a L. la idea de la niña de que vaya a la escuela y me anima a aceptar la invitación. Dice que, de hecho, la gente del pueblo apreciará mi presencia allí. En efecto, L. va a la escuela del pueblo todos los días, y habla con los profesores y juega con los niños en los recreos. También dice que la clase de inglés mañana es a las 9 de la mañana, que es la hora perfecta para ir nosotros dos y luego quedarnos el resto del día.

Tercer domingo - **La escuela de Yanoun**

J. y Z. se quedan en casa mientras L. y yo vamos a la escuela a las nueve de la mañana. L. se ha confundido con el horario; la clase de inglés será en unas horas. L. va a una clase y yo voy a otra. Ésta es la clase de los mayores; el año que viene tendrán que ir todos los días a Aqraba para ir a la escuela secundaria. Estoy en clase de árabe.

No veo ni luces en el techo ni enchufes en las paredes; no parece que usan electricidad. Probablemente por eso la escuela empieza a las siete de la mañana y termina a medio día, las horas de luz. Las ventanas son agujeros cuadrados en la pared, sin cristales ni marco, y las puertas se quedan abiertas para dejar pasar la luz.

En total hay en la escuela tres clases y también una cocina. El profesor enseña dos cursos en cada clase a la vez, así que sólo se imparten seis cursos aquí. También hay niños de Yanoun de Abajo, que vienen en la furgoneta del servicio diario que también lleva a los niños mayores a Aqraba para que vayan a la escuela secundaria.

Hay un ordenador en una esquina al final de la clase. Quien lo donase, no preguntó si había electricidad en la escuela.

Al mirar por la clase veo unas cuantas cajas con el logo de Unicef. Los niños tienen todos el mismo modelo de cartera, con los mismos colores, y sus libros tienen pinta de ser bastante viejos, excepto el de inglés y el de matemáticas. El libro de inglés es el único que se abre como se abren los libros occidentales, no como se abren los libros en árabe. Su título es "English for Palestine". El resto de sus libros empiezan donde terminaría un libro occidental y sus títulos están en árabe.

Durante el descanso L. quiere jugar al fútbol con los niños y nos dirigimos al patio de juegos, que consiste en la carretera y una explanada junto a ella. Los profesores le dicen que se quede en la cocina para comer con ellos y él me mira. La invitación se supone que me incluye aunque no me lo dicen porque nos hablan a los dos a través de él, como es culturalmente obligado. La comida consiste en un plato de aceite, otro de hummus y pan para untar. Y, por supuesto, té.

Preguntan de dónde soy y al decírselo dicen que la furgoneta que trae y lleva a los niños se compró gracias a alguna organización caritativa franco-española. El profesor de inglés dice que los niños de este pueblo tienen mejor nivel de inglés que los de Aqraba, gracias a su contacto diario con internacionales.

Después del descanso hay finalmente clase de inglés. La técnica es mucho más "oral" y menos académica que como me enseñaron a mí, pero parece mucho más útil, a juzgar por el nivel de inglés de la mayoría de los jóvenes, que nunca han salido del país (principalmente porque las autoridades israelíes se lo prohíben).

Cuando acaba la escuela, una furgoneta blanca con asientos pero sin ningún signo de que es un taxi viene por la misma carretera por la que vinimos nosotros y los niños que no viven en Yanoun de Arriba se meten en ella. Imagino que esta es la furgoneta de la que hablaban los profesores en el descanso. L. me explica que es el servicio diario a y desde Aqraba, principalmente para los niños mayores que tienen que ir a la ciudad más grande para ir a lo que puede ser equivalente a la escuela secundaria, pero también para llevar a los niños de Yanoun de Abajo a y desde la escuela en Yanoun de Arriba.

Encuentro este sistema escolar bastante similar al de la España rural, o por lo menos una combinación de lo que era la práctica hace años y lo que ahora se hace. Hace décadas, en muchos pueblos pequeños españoles, el único profesor enseñaba a todos los niños de todas las edades en la misma clase. Lo que se hace ahora es poner servicios de transporte escolar como éste y llevar a los estudiantes a pueblos más grandes donde pueden ir a la escuela con más niños de sus mismas edades. Lo que es en parte lo que se hace aquí, con los niños de dos distintas edades juntos en la misma clase, estudiando dos niveles diferentes. Así que el hecho de que estos niños necesiten un servicio de autobús para ir a la escuela todos los días no es debido a la ocupación, sino a que es una zona rural con pequeñas aldeas.

"Sí, es fácil culpar de todos los problemas a la ocupación", dice L.

Cuando acaba la escuela nos vamos a casa y luego vamos a visitar familias. Parece que L. las conoce a casi todas, si no a todas. Dice que es mejor visitar a cuantas sea posible, porque es su conocimiento de nuestra presencia lo que les hace sentirse seguros.

Nos sentamos alrededor del fuego a la entrada de tantas casas como podemos visitar, con los hombres de cada casa. En la última, una mujer, con un vestido negro largo y con la cabeza cubierta, se sienta cerca de la puerta, fuera del círculo que se ha formado alrededor del fuego, y me mira. Le sonrío y entonces me pregunta:

"¿Eres buena con el inglés?"

Yo hago un gesto y ella continúa muy seria y, sin pestañear, pregunta, casi establece:

"Ayudarías a mi hija".

Le digo que sí y me invita dentro de la casa, dejando a todos los hombres fuera y llevándome dentro, donde están sus hijas y sus hijos pequeños. De inmediato soy consciente del privilegio de que se me haya invitado a un ámbito doméstico al que mis colegas varones no tienen acceso.

La sala de estar consiste en una habitación mediana con una alfombra y colchones delgados, como de gimnasio, para sentarse. En una de las esquinas hay un mueble pequeño de baldas con los libros y cuadernos de los niños en las baldas y una tele encima. En otra esquina hay un armario con mantas. Este es todo su mobiliario. Los niños se sientan en la alfombra o en los colchones finos mientras ven la tele o hacen los deberes, usando la alfombra en la que están sentados como mesa de estudio.

La madre me presenta a la hija a la que he venido a ayudar y las dos nos sentamos en la alfombra, mientras la madre se va a la cocina. Me doy cuenta de que habla inglés mejor que yo así que me pregunto para qué me necesita exactamente. Me dice que de hecho no ha preparado la lección de hoy porque tiene un examen mañana, y me pregunta si podría venir pasado mañana, después del examen.

Le digo que así lo haré y la madre, que ahora se ha puesto un moderno y colorido chándal occidental y lleva el pelo en una coleta, me invita a la cocina para comer. Hay verduras frescas y falafel en la mesa. Me dice que ella misma hace el falafel y cuando terminamos me da todas las bolas que han quedado para que me las lleve a casa. Me reúno con el resto fuera de la casa y en unos momentos los internacionales nos vamos a casa. Mañana L. y Z. se montarán en la furgoneta que lleva a los niños mayores a la escuela de Aqraba hacia las ocho de la mañana. Se van a otro sitio que necesita internacionales.

Fig 9: Valle robado

CUARTA SEMANA

Cuarto lunes - **No somos suficientes**

J. y yo nos quedamos en Yanoun. A él no le apetece ir a la escuela así que voy yo sola. La relación conmigo de los profesores, todos hombres, sin un hombre que me acompañe, cambia completamente. Los profesores me saludan brevemente y me evitan lo más posible.

En clase, los maestros sí que tratan de incluirme en las dinámicas, el profesor de inglés especialmente. Hace preguntas a los alumnos sobre España y todos dicen que está en Europa y que su capital es Madrid, y que también tiene olivos, como Palestina, y que algunas palabras son las mismas en árabe que en castellano (camisa, pantalón, aceite, sala, berenjena...)

Cuando terminan las clases es mediodía y me apetece pasear bajo el sol, así que J. y yo pasamos el resto del día visitando Yanoun de Abajo. Las normas, no escritas pero muy estrictas, prohíben a los palestinos y a los internacionales salirse de la montaña donde se levanta el pueblo; si esto no lo obedecen se les puede matar. Los colonos van armados y no se les suele detener cuando asaltan a palestinos. Si se les pilla cuando matan a uno, la pena, si es que hay una, es siempre irrisoria. Así que J. y yo vamos por la carretera sin salirnos de ella. Somos blancos y privilegiados pero no hemos venido aquí a causar problemas.

Cuando llegamos a Yanoun de Abajo oímos a una niña gritar "hello!" en la distancia, corriendo hacia nosotros. Cuando está cerca nos dice que su madre quiere que vayamos a visitar su casa. Seguimos a la chica y ella nos guía, primero subiendo por unas rocas, luego entrando a una construcción vacía de piedra a través de un agujero en la pared, luego subiendo más rocas. Están dispuestas en desorden unas sobre otras y según subimos empiezan a convertirse propiamente en escaleras, hasta que llegamos a una entrada a la izquierda. Al cruzarla nos encontramos en una especie de patio/pasillo vacío, con nada más que entradas como ésta en cada lado. Algunas de ellas tienen cortinas hasta la altura de la rodilla, pero no hay lo que se dice puertas o ventanas, ni siquiera marcos, y el viento sopla por todas partes.

La niña nos guía hasta una de estas entradas y se quita los zapatos. Nosotros hacemos lo mismo, como hacemos en todas las casas. La habitación en la que entramos sigue siendo de piedra, como el patio. También hay una tele en un agujero de la pared, una mesa pequeña, una silla y un par de colchones. Esta es su sala de estar y éstos son todos sus muebles. Hay una mujer y un niño pequeño; deben de ser la madre y el hermano de la niña que nos ha traído. Hay bastante viento por todo el recinto, que entra por la ventana (que es simplemente un agujero en la pared, sin marco, sin cristal), y sale por la puerta hacia el resto de la casa. Miramos por la ventana mientras la mujer se va y vemos que estamos a una altura más o menos equivalente a un quinto piso occidental.

La madre vuelve con algo de comida para J. y para mí y, después de un poco de conversación, pide que vayamos con sus hijos a un monte cercano a llevar la comida a su padre. Normalmente es ella misma quien se la lleva mientras los niños llevan las ovejas y cabras a la fuente, pero hoy que estamos aquí se sentirá más segura si los niños van a las montañas con nosotros mientras ella atiende a los animales, en vez de dejar a los niños en el pueblo solos.

La niña, J. y yo empezamos lo que se supone que es un camino de diez minutos. Entre los tres, llevamos algunos vasos, unas botellas de plástico vacías y una bandeja cubierta. La primera parada es la fuente del pueblo para llenar de agua las botellas de plástico. Más niños se nos unen en la fuente y nos explican que no hay agua dentro de las casas. Miro a lo alto, al asentamiento, con la certeza de que no hay una sola casa sin suministro de agua caliente y fría, calefacción y montones de muebles.

La fuente está junto a la carretera y seguimos por ella. De pronto un vehículo militar que se parece más a un tanque que a un coche aparece de la nada y nos quedamos todos helados a la orilla de la carretera, mirándonos unos a otros y al vehículo. Es una cosa compacta, hecha de metal marrón y con ruedas que no se pueden ver. Tampoco se ven pasajeros o conductores.

Continuamos helados mientras el vehículo pasa a nuestro lado y, cuando se va de nuestro campo de visión, los niños simplemente siguen andando. Claramente, estos niños están mucho más acostumbrados que nosotros a este tipo de vehículos. La niña me mira, sonríe y respira profundamente: por suerte no ha pasado nada esta vez.

Ni siquiera saco la cámara para sacar una foto de este vehículo, porque cada vez que uno saca una foto de cualquier cosa que tenga que ver con el ejército - un control, una garita, incluso un soldado - arriesga, si no su vida, sí al menos su cámara, las cintas y todo el contenido que haya recogido hasta entonces. O quizás sea porque su aparición ha sido demasiado repentina y nos hemos quedado demasiado helados.

Seguimos andando por la orilla de la carretera y empezamos a subir la montaña donde está el padre de las criaturas. Después de quince minutos de preguntar si falta mucho y de que que los niños contesten "Cerca", gritan: "¡Allí!"

J. sigue subiendo con los niños y yo me siento en una roca con la niña. El padre está con otros dos hombres y los tres están lanzando troncos ladera abajo. Es la madera que usarán este invierno para calentar sus casas, explica la niña.

J. les ayuda en el trabajo, los niños dejan la comida junto al resto de las cosas de los hombres y, después de unos minutos, la mayoría de los niños están sentados conmigo. Les digo que las vistas son muy bonitas desde aquí y uno de los chicos me dice, en inglés:

"Toda esta tierra, de mi padre. Colonos la roban."

Muevo la cabeza esperando una explicación algo más clara y sigue:

"Un día el colono dice, 'esto es mío'", y se encoge de hombros. Y ya está. Fin de la historia. Saco algunas fotos de la tierra que me está indicando, que de hecho es la mejor porción de tierra que se ve, justo en el valle, llano y fácil de trabajar. El resto está en las laderas donde ahora estamos sentados, rocosas, en cuesta y con los árboles mucho más espaciados que allá abajo en el valle. Fig 9

Supongo que esa es la explicación. Pierden su fuente de ingresos que se queda un colono armado y fanático, y tratan de salir adelante con troncos de árboles para calefacción. Imagino que también perdieron, vendieron o quemaron sus muebles, puertas y ventanas en el proceso, y probablemente eso es por lo que las casas están tan desnudas.

J. y los hombres tiran troncos abajo durante casi media hora después de comer. No deberíamos estar tan lejos de las casas y el resto de los vecinos tanto tiempo así que nos excusamos y nos vamos.

Una vez en casa, J. recibe una llamada pidiéndonos que nos vayamos de Yanoun para ir a Bi'Lin, donde ha habido una incursión violenta por el ejército israelí. Se necesita alguien allí rápidamente porque ahora mismo no hay presencia internacional allí.

Al parecer aquí en Yanoun las cosas han estado bastante tranquilas en las últimas dos semanas desde el último ataque, lo que hace pensar a algunos que nuestra presencia aquí no es tan imprescindible ya, o al menos tan necesaria como en Bi'-Lin. J. y yo lo discutimos y llegamos a la conclusión de que si dejamos este pueblo solo puede pasar lo mismo, o similar. Pero J. también preferiría dejar la inactividad de aquí para ir a la manifestación de Bi'Lin, donde piensa que podrá ser más efectivo.

Al parecer la incursión en Bi'Lin fue especialmente fea y hay presión para que nos vayamos de aquí para "cubrir" Bi'Lin. Pero yo creo que irnos los dos de Yanoun contribuiría a la posibilidad de incursiones aquí.

J. y yo decidimos ir a ver al alcalde de Yanoun a preguntarle qué piensa. Su inglés no es muy fluido pero es suficiente para pedirnos que nos quedemos:

"Dos, mejor que uno", dice. Tiene miedo de que haya incursiones aquí si sólo se queda uno. Dice que el ejército israelí sabrá cuántos estamos porque están observando el pueblo todo el tiempo desde la garita que está en lo alto de la montaña.

Hasta ahora no ha pasado nada de importancia, pero, de nuevo, si no pasa nada es probablemente gracias a nuestra presencia. Empiezo a sospechar que nuestra presencia aquí debe de ser bastante incómoda para estos fanáticos, que no pueden continuar aterrorizando a la población palestina como quisieran, simplemente porque hay unos extranjeros que sacan fotos y vídeos de las violaciones de los derechos humanos. Menudo fastidio.

J. piensa que es un buen arreglo dejar aquí a una persona mientras la otra se va. Quiere ir a Bi'Lin a tiempo para la manifestación, así que prepara la mochila para marchar mañana temprano en el servicio regular de la escuela. Nos despedimos esta noche sabiendo que nos veremos de nuevo por tierras ocupadas.

Cuarto martes - "¿Estás sola?"

Cuando los habitantes decidieron abandonar Yanoun después de la campaña de terror llevada a cabo por los colonos locales, se les "convenció" para que volvieran. Convinieron, sólo a condición de que se les garantizara que siempre habría aquí por lo menos tres internacionales estacionados en todo momento. La organización llamada CCPT adquirió el compromiso de mantener por lo menos a tres personas aquí siempre.

Hoy incumplimos esta norma cuando J. se va temprano por la mañana. Todos esperamos que esto pase desapercibido para la garita de la montaña. Desde CCPT me aseguran que vendrán dos personas esta noche, así que al menos este sitio se quedará con un solo internacional durante menos de 24 horas. Siendo la única aquí, pues, decido no ir a la escuela para quedar localizable en el piso y alrededores, por si sucede cualquier cosa.

Justo cuando me estoy preparando para la clase de inglés que prometí hace dos días, alguien llama a la puerta del piso internacional. No sería la primera vez que el ejército israelí intenta entrar en el piso así que me pongo en modo alerta inmediatamente. Hay un segundo golpe tan quedo o más que el primero y me relajo un poco.

Quien llama es un hombre joven palestino con un niño. Cuando abro la puerta, el hombre explica que es de Aqraba pero que ahora vive en Estados Unidos, donde está estudiando en la universidad. Ahora él está de vacaciones visitando a su familia y se marcha mañana, y su familia quisiera invitarnos a cenar esta noche, mientras él está aquí.

En circunstancias normales les habría invitado a entrar, pero hay una regla estricta que no permite entrar a palestinos en este piso, lo mismo que no se permite a israelíes. El hombre parece entender incluso antes de intentar explicárselo y la conversación sigue conmigo en el piso y ellos en la calle.

Le digo que estoy sola pero incluso si no lo estuviera, no podríamos ir a cenar tan lejos como Aqraba, dejando a Yanoun solo. Él parece atascado en mi primera frase:

"¿Estás aquí sola?", pregunta, con los ojos abiertos de par en par. Le digo que sí pero agrego rápidamente:

"Espero a dos personas más esta noche."

Él aún precisa:

"No deberías estar aquí sola."

Le digo que tengo que visitar una de las familias del pueblo en cinco minutos y se va. Me pongo los zapatos y voy a la casa de la chica a la que voy a ayudar con su inglés. Su madre me recibe, y ya parece preocupada.

"¿Estás sola?" - me espeta. Parece que las noticias vuelan, supongo que como en cualquier pueblo. Le explico que alguien vendrá hoy mismo, pero ella continúa preocupada.

Le aclaro a su hija las dudas que tiene de inglés lo mejor que puedo mientras cenamos algo ligero y luego vuelvo al piso, que verdaderamente se siente muy vacío.

Algunas horas más tarde C. y X., de CCPT, aparecen en un taxi privado. Me alegro sinceramente de tener compañía y les pongo al día sobre estos días pasados, en los que afortunadamente no ha habido nada especial que destacar.

X. se va a la cama y C. se queda levantado, y me explica lo que sabía al menos en parte: que hemos cubierto momentáneamente a CCPT aquí para que pudieran ir todos a su reunión. Reunión que ya ha terminado. Ellos, C. y X., se quedarán ahora aquí al menos durante unas cuantas semanas, quizás meses.

Me explica que algunos se quedan aquí en Yanoun tres meses, que es el período total que la gente de CCPT se queda en Palestina. Le pregunto cómo es que tanta gente puede permitirse quedarse durante tanto tiempo. Él dice que CCPT es un programa ecuménico, realizado por una unión de diversas iglesias cristianas, y que es el que más éxito está teniendo en Suecia y en Estados Unidos. De hecho la mayoría de la gente de CCPT que hemos conocido aquí es de Suecia. "¿Y sus trabajos?", le pregunto. Él explica que en Suecia lo normal es que las empresas guarden a la gente sus trabajos. Le miro con envidia y me pregunto en voz alta si yo podría conseguir entrar en un programa similar, y él apunta que la Iglesia Católica Romana no participa en esto.

Hablamos luego de cómo estamos asimilando la experiencia aquí en Palestina y por supuesto hablamos de las diferencias culturales. Me cuenta un pequeño incidente que pasó una vez entre un grupo de chicos jóvenes palestinos, una chica internacional y él mismo. Los chicos palestinos extendieron todos sus manos a la chica, sonriendo, intentando apretarle la mano, y ella rehusó, sin una palabra. Él pensó en aquel momento que su compañera estaba siendo maleducada con los chicos y les apretó la mano a todos. Cuando el momento había pasado, le preguntó a la chica por qué había sido tan grosera, y ella explicó que eran ellos quienes habían sido groseros. La regla palestina es que un hombre no intenta tocar ni la mano de una mujer a menos que ella haga el primer movimiento - esto se nos ha dicho a todos. Intentar hacer tal cosa es considerarla una "chica fácil", e insistir extendiendo su mano para intentar tocar la de ella es directamente insultarla. Así que de hecho los chicos estaban insultándola, y el hecho de que todos estuvieran sonriendo demostraba que todo lo que querían era reírse de ella. Por lo tanto su reacción, rechazando estrecharles las manos y sonreír, fue la correcta.

Coincidimos en que los hombres palestinos parecen pensar que todas las mujeres occidentales somos lo que se llamaría "fáciles", porque piensan que somos como las mujeres que los medios de masas occidentales retratan, especialmente las películas de Hollywood. Y hemos visto que las películas de Hollywood venden bien en la televisión local.

C. muestra desprecio por esta percepción de las mujeres occidentales que tienen los palestinos. Él relaciona esto con la queja palestina de que la gente occidental piensa que todos son terroristas sólo porque los medios los retratan como tales, y después son ellos los que compran los estereotipos mediáticos occidentales.

C. sugiere ver una de las películas que tiene en DVD y elegimos "El Señor de la Guerra", con Nicolas Cage de protagonista. Al personaje de Cage le gusta una mujer que sólo ha visto en vallas publicitarias. Después de conocerla, tardan solo tres escenas en meterse juntos en la cama.

Después de la película C. se va a dormir a la habitación de los hombres. Yo me quedo empaquetando, intentando no hacer demasiado ruido. Mañana por la mañana me montaré en la furgoneta de la escuela y me iré de Yanoun.

Me lleva unos minutos después de acostarme antes de dormirme del todo. Puede que sea por esto que soy la única que oigo a X. quejarse desde la otra habitación. Voy hasta su puerta, la entre-abro y susurro:

"¿Estás bien?"

Él no dice nada. Imagino que será algo embarazoso para él y prefiere callarse, así que me vuelvo a la cama.

Unos minutos más tarde, empieza a gritar desesperadamente, casi llorando, con el tipo de grito que sale cuando uno tiene la boca tapada a la fuerza. Entro en la habitación de los hombres preguntándome si C. no oye, o pasa, o no sabe qué hacer. O quizás está durmiendo muy profundamente.

Voy hasta la cama de X. y sigo susurrando. Sus gritos aumentan de volumen y desesperación y decido que es momento de despertarle. Le toco en el hombro y grita de pánico y su cuerpo da una sacudida violenta; sus brazos sólo quieren golpear lo que sea que le está atacando, pero sólo me da a mí, a voleo, mientras su cuerpo da una sacudida, y mis brazos intentan parar sus golpes. Le grito:

"¡¡Soy yo!! ¡¡Despierta!!"

Se despierta, deja de mover los brazos y me mira estupefacto. Yo sólo acierto a decir:

"Estabas teniendo una pesadilla. ¿Estás bien?" Y contesta algo como:

"Sí, ahora sí."

Me explica que hace muchos años solía tener siempre la misma pesadilla, que alguien le mantenía en el suelo y él intentaba gritar, pero no podía porque no salía ningún sonido de su garganta. Luego dejó de tener la pesadilla y llevaba ya muchos años sin tenerla, y es sólo ahora, aquí en Palestina, que la está teniendo de nuevo. Imagino que este estrés que todos tenemos y del que nunca hablamos estará haciendo mella en todos nosotros, lo notemos o no. Pero al menos nosotros estamos aquí solo unos meses y luego nos volvemos a casa.

Cuarto miércoles - **"No te muevas"**

Me monto en el servicio escolar a Aqraba para dirigirme al sur. En Yanoun de Abajo, la furgoneta recoge a los niños que son demasiado mayores para ir a la escuela de Yanoun de Arriba y los lleva a Aqraba. La chica que nos invitó a su casa y después nos llevó hasta su padre, en la montaña, está entre ellos. Solo que hoy parece mucho mayor, con su uniforme, sus zapatos y su hijab, a diferencia de aquella tarde, cuando llevaba sandalias y pantalones y nada ocultaba sus largas trenzas.

En Aqraba cojo un taxi normal y luego cojo un servicio de autobús de línea para llegar a Nablus, que es una ciudad importante, pero está en un estado tal que es difícil describirlo con otra expresión que "estado de sitio". Cinco carreteras confluyen aquí, y hay un control militar permanente en cada una de ellas. Ninguno de esos controles está entre territorios palestinos e israelíes. Están todos en medio de Palestina. El que yo voy a tener que pasar está a unos cinco o diez kilómetros de Nablus. Al menos no es uno de esos que hay que pasar a pie. Pero la cola de vehículos es dolorosamente lenta y mucha gente prefiere dejar atrás el taxi que se han cogido para llegar hasta aquí y luego andar; parece mucho más rápido. Otros en cambio prefieren coger un taxi justo antes del control.

Una ambulancia se acerca al control militar desde la dirección opuesta, con las luces de emergencia encendidas, hacia nosotros. Los coches que están en la cola le dejan espacio para que pueda adelantarse y por un momento imagino que los soldados dejarán a esta ambulancia parar el control rápidamente, pero enseguida me doy cuenta de que no. Uno de los soldados coge los documentos del conductor y otro se mete en la parte de atrás. A ninguno de ellos se le ve que tenga ninguna prisa, se toman su tiempo, probablemente aún más que con cualquier otro vehículo. Seguramente alguien estará ahí dentro, necesitando desesperadamente llegar cuanto antes a algún hospital, pero los soldados miran lentamente en cada posible parte de la ambulancia hasta que finalmente la dejan ir. Podrían decir que un terrorista podría estar oculto dentro. La ambulancia pone en marcha la sirena una vez ha pasado el control. Imagino que estará estrictamente prohibido aproximarse al control militar con las sirenas encendidas.

Revisan concienzudamente todos los vehículos en ambas direcciones: los carros tirados por burros o incluso por hombres, llenos de fruta y verduras, los camiones con materiales de construcción, los taxis llenos de gente, y los pocos coches privados. Revisan las identidades de los conductores, el maletero, la carga. Se pasan al menos cinco minutos con cada coche, al menos durante el tiempo que estoy aquí yo, mirando desde este primer asiento del autobús.

Después de una media hora de avanzar unos cuantos metros cada diez minutos, llegamos a la cabeza de la cola. No creo que nos paren: Una de las ventajas de viajar en un autobús grande, dicen, es que no tienden a pararlo y revisar a cada uno y preguntar sobre las razones del viaje, qué planean hacer en su ciudad destino y qué han hecho en la ciudad de procedencia, o qué están haciendo en en general en este país, donde "hay hombres con pistolas, ¿sabe?" (y, exactamente, ¿qué es usted, soldado, aparte de un hombre con metralleta?).

Un soldado le indica a nuestro conductor que pare en la orilla de la carretera. Otro soldado viene hasta la puerta del autobús y con una expresión severa y un movimiento de mano le ordena al conductor que abra la puerta. El conductor tendrá unos cuarenta años. Los soldados no tienen más de veinte años, una metralleta cada uno y los ojos clavados en el conductor.

Uno de los soldados le ordena al conductor que se baje del autobús, de nuevo sin palabras, sólo con un leve movimiento de la mano. Por supuesto el conductor obedece inmediatamente, sin cruzar su mirada con la de los soldados. El ambiente es tenso dentro del autobús. El conductor y los soldados intercambian palabras en un idioma que suena a hebreo. El conductor se sube al autobús, coge el micrófono y habla en árabe. Al poner el micro de nuevo en su sitio, al acabar, me mira con una mirada y un gesto que dicen "No te muevas". Yo asiento.

Empiezan a salir por el pasillo y luego por las escaleras hombres de todas las edades. El soldado agarra las tarjetas de identidad de todos según salen del autobús con sus equipajes de mano. Otro soldado viene a ayudarle y se asegura de que los palestinos están a una distancia razonable de los soldados, extendiendo el brazo y empujando a los palestinos que se acercan "demasiado". Actúa como si los soldados armados fueran las potenciales víctimas de estos palestinos desarmados, y no al revés.

Una vez que todos los pasajeros varones han entregado sus tarjetas de identidad y están de pie delante de los dos soldados, el que tiene las tarjetas empieza a llamarles por sus nombres, uno por uno.

Uno por uno, según son llamados, los palestinos abren sus bolsas en el suelo, mostrando todos sus contenidos y contestando a las preguntas de los soldados, antes de que se les devuelvan sus papeles y sus cosas. Cuando han subido todos al autobús, la operación ha durado unos veinte minutos. Pero aún no hemos acabado del todo.

Un soldado da una orden y el conductor abre el maletero donde están los equipajes. Desde donde estoy puedo ver que un soldado se mete en el maletero y luego sale. No me creo que en los tres segundos que ha durado su expedición haya tenido tiempo de abrir todas las maletas y mochilas, ver todos sus contenidos, comprobar que ninguno de ellos es una bomba y ponerlos todos de vuelta. Así que me pregunto qué utilidad tiene en cuanto a seguridad revisar el equipaje de mano de los pasajeros varones si no se va a revisar nada más - si todavía comprase el cuento de que se trata de seguridad. Si de verdad les preocupase la seguridad, se comprarían unas cuantas máquinas escaneadoras y se ahorrarían un número considerable de soldados, hasta les podría salir más barato. Pero hasta ahora el ejército israelí me ha demostrado con creces que toda esta parafernalia no tiene nada que ver con seguridad y tiene todo que ver con hacerles la vida a los palestinos simplemente insoportable, con constantes humillaciones, con sus miradas, sus maneras, su prepotencia, sus carreteras bloqueadas, sus controles militares, sus M16 y las horas que les hacen perder hasta cuando están dentro de una ambulancia.

Después de no revisar ni el equipaje de viaje ni la mitad del equipaje de mano del autobús y retrasarnos durante una hora en el proceso, se le permite al autobús seguir su viaje. El pasajero que se sienta a mi lado me mira y me dice, en inglés:

"Esta es la ocupación."

Intento mostrar mi comprensión y respondo,

“Lo sé.”

Me contesta:

“¿Lo sabes?” como diciendo, “Qué sabes tú de nuestra situación, que puedes 'tú' 'saber'”. Y, pensando sobre ello, probablemente tiene razón. Yo lo he experimentado durante unas pocas semanas pero desde mi posición privilegiada apenas puedo imaginar el infierno por el que ha pasado esta gente durante tanto tiempo como pueden recordar. En cualquier caso, guardo silencio y el viaje continúa.

Una vez en el otro lado del control militar vemos una cola larga viniendo desde la otra dirección: vehículos esperando a ser revisados, igual que lo hemos sido nosotros. Cuento cuatro ambulancias a lo largo de la cola, todas con las luces de emergencia encendidas, todas atrapadas en la cola. Aquí la carretera no es lo suficientemente ancha para que el resto de los vehículos se aparten a un lado para dejarlas pasar, así que ahí se quedan, esperando alrededor de una hora cada una, en la cola, para luego ser revisadas, como el resto de los vehículos, intentando ofrecer un servicio de emergencia para llevar a la gente enferma al hospital urgentemente.

Cuando el autobús llega al final de su trayecto nos bajamos todos. Pregunto por los autobuses a Ramala y me indican el camino a una estación de autobuses bastante grande. Una vez allí veo muchos autobuses vacíos y solo dos conductores. Les pregunto por el autobús a Ramala pero no saben. Finalmente encuentro a una familia dentro de uno de los autobuses y les pregunto:

“¿Hablan inglés?”

El hombre dice:

“No.”

Insisto:

“¿Ramala?”, esperando que al menos me digan sí o no con la cabeza. El hombre se baja del bus y me lleva a la salida de la estación. Me señala a alguna parte fuera y dice en inglés:

“Derecho, izquierda, luego derecha.”

Me siento muy bien cuidada por esta gente, que, sin hablar inglés, se esfuerzan para que encuentre mi camino. Le digo “shukran” un par de veces y hacia allí ando, desde esta estación de autobuses, a través de calles que no tienen autobuses ni señales de ellos. Cuando termino de ir a “derecho, izquierda, luego derecha”, me siento completamente perdida. De pronto oigo en la distancia:

“¡Ramala Ramala!”

El hombre que grita de hecho me está mirando a mí, y está de pie junto a un autobús enorme. Así que el hombre que “no” hablaba inglés tenía toda la razón: los autobuses que van a Ramala sí que salen de aquí.

Cuarto jueves - **Crímenes de guerra y deportaciones**

No es demasiado frecuente que haya tiroteos en Ramala hoy en día. Especialmente desde que destruyeron el compendio de la Autoridad Palestina, donde Arafat vivía, ya no hay virtualmente ninguna presencia militar israelí en la ciudad. Ahora la policía palestina puede patrullar las calles de Ramala. Antes no podían porque Ramala estaba llena de militares israelíes. El ejército israelí considera terroristas a todos los palestinos, al menos potenciales. Los policías palestinos, como todos los policías, van armados, y por tanto para el Estado israelí son terroristas armados. Y los jueces israelíes, que son los únicos jueces que hay en Israel y en Palestina, y que no serían jueces si no fuesen sionistas, siempre verán justificado que un soldado israelí mate un policía palestino, es decir a un terrorista armado. Así que nunca se verá a ningún policía palestino cerca o a la vista de soldados israelíes.

Y aunque no sea frecuente, sí vimos un tiroteo en Ramala hoy.

Estaba yo en un apartamento en un primer piso, no lejos de la ventana, cuando notamos un movimiento repentino de gente fuera, en la calle, como de gente corriendo e intentando hacerlo en silencio. Luego los disparos.

"Tat - tat - tat - tat."

Secos y rápidos, mucho menos escandalosos que el más casero de los petardos.

"Tat - tat - tat - tat." Y luego otra vez, ahora más cerca.

"Tat - tat - tat - tat."

Para entonces ya estábamos todos los internacionales pegados al cristal de la ventana intentando interpretar lo que estaba pasando. Hasta que una voz cerca de mí gritó:

"¡¡Lejos de la ventana!!"

Es importante mantenerse lo más lejos posible del alcance de las balas. Incluso si no van en absoluto dirigidas a ti, ni a tu edificio, ni a tu ventana. Los que viven aquí ya han aprendido a no tener curiosidad, pero a los internacionales nos cuesta vencer la nuestra. Supongo que nos imaginábamos algo parecido a las películas y queríamos verlo con nuestros propios ojos.

Pero las balas no tienen ningún glamour en absoluto. Ni siquiera suenan como balas. Y sin embargo de hecho pueden matar, o causar dolor e incapacidad de por vida. Así que hay que separarse de la ventana, por mucha curiosidad que se sienta, porque la integridad física es mucho más importante.

La siguiente vez que miré por la ventana, aún había hombres de uniforme por la calle, mirando a todas partes, pero los disparos ya habían terminado.

Durante el resto del día el tiroteo no es el tema de conversación dominante. R., otro "internacional" como nosotros, ha sido detenido, y la gente está deseando oír las últimas noticias sobre él.

Por la información que se comparte entre activistas israelíes, palestinos e internacionales, parece que le detuvieron mientras acompañaba a unas niñas a la escuela en Hebrón, mientras esperaba el día de la cita que tenía para renovar su visa. Ya estaría deportado si no hubiera recurrido su propia deportación. El resultado de esto es que estará en la cárcel hasta que "cambie de opinión" y acepte ser deportado.

Me entero de que uno de los periódicos locales ha publicado un artículo bastante engañoso, dando a entender que estuvo ayudando a terroristas hace unos años, la vez anterior que estuvo en Palestina. Algunos de sus amigos están planeando escribir al periódico para refutar este artículo. Por el borrador de esta carta me entero de que la última acción de R. en aquella primera visita fue encadenarse a una casa que iban a demoler.

Las fuerzas armadas israelíes demuelen las casas de la gente acusada de terrorismo para castigar a sus familias también. No hay ningún juicio contra las familias, así que no hay necesidad de demostrar nada. Basta con alegar que son familiares de alguien que ha sido nombrado "terrorista" en un tribunal militar donde los cargos son desconocidos. A esto se le llama "castigo colectivo". Es condenado por las Naciones Unidas, y la Convención de Ginebra lo llama "crimen de guerra". Pero no hay ninguna fuerza internacional en Israel, y las leyes internacionales son ignoradas por completo.

R. utilizó su cuerpo para intentar prevenir un crimen de guerra y el periódico describió esto como que "estaba hospedándose en la casa de un terrorista". En aquel momento la respuesta de las fuerzas israelíes fue deportarle - por intentar prevenir un castigo colectivo, un crimen de guerra.

Después de aquello no podía volver a Palestina, porque todo extranjero que ha sido arrestado en Palestina, o ha sido deportado, tiene prohibida la entrada a ambos países de por vida. Pero R. se cambió el nombre legalmente en su país y volvió para continuar trabajando por los derechos humanos en Palestina. De vuelta aquí recibió una visa por tiempo limitado como cualquier otro extranjero. Antes del día de caducidad de la visa, fue a las autoridades pertinentes para renovarla. Esas autoridades le dieron una cita para un día "posterior" al día de caducidad. Esto, le dijeron, es práctica rutinaria, y el mero hecho de tener esta cita significaba que su visa se había extendido hasta esa fecha. Pero ahora las autoridades israelíes de Hebrón dicen que se le había vencido la visa y estaba en el país ilegalmente y que por tanto tienen que deportarle. De una cárcel local le han enviado a otra, en la punta sur del país, en el desierto, cerca de Egipto, y le deportarán desde allí. Sus amigos dicen que, todo el tiempo, está en una celda de aislamiento. "Incomunicado".

De Ramala voy a Bi'Lin, que está tan cerquita que no hay controles militares permanentes en la carretera que las une. Permanentes, no hay ninguno. Pero hay lo que se llama "flying checkpoints", controles militares itinerantes: Tres soldados cortan la carretera con unas cuantas piedras y su todo-terreno, y un control militar ha sido instalado.

En Europa, si un vehículo de repente te hace una señal con las luces "largas", significa que acaba de pasar por un control policial. Debe de haber un sistema similar aquí porque de repente el taxi en el que viajo se mete por una carretera vecinal que casi es un camino de rocas. Miro por la ventana y veo que hay coches que nos siguen, y coches delante también, evitando la carretera. Un palestino que viaja en este taxi con nosotros nos explica la "jugada" con una sonrisa y, por supuesto, nos ofrece su casa para que nos hospedemos en ella, ofrecimiento que al menos por esta noche debemos declinar porque se nos necesita en Bi'Lin con bastante urgencia.

En Bi'Lin están construyendo el muro que separa, en teoría, “territorio israelí” de “territorio palestino”, pero en realidad separa a “gente palestina” de “otra gente palestina”, y a todos ellos de sus lugares de trabajo, de educación, de sus tierras, hasta que pierden sus trabajos, sus escuelas, y sus tierras, y prácticamente todo contacto con sus familiares que viven apenas a unos kilómetros de distancia.

Cuarto domingo – **El muro en Bi'Lin**

Llevamos en Bi'Lin unos días. Ya estuve en este pueblo al principio de mi viaje hace unas semanas y me parece que hiciera años.

Cada noche he rezado para que no tengamos que salir, es decir, para que el ejército israelí no invada el pueblo por la noche para poder hacer los arrestos que no puede hacer durante las manifestaciones a causa de la presencia internacional. Cada mañana me he despertado dando gracias por que no hemos tenido que salir.

Hoy viene M. y nos enseña unos vídeos estupendos que explican entre otras cosas la historia de las estafas palestinas. Al parecer todo empezó de forma honesta cuando algunos judíos extranjeros empezaron a comprar tierra legalmente a finales del siglo diecinueve. Luego el gobierno israelí robó y conquistó desde mitad del veinte. El potencial Estado palestino, “garantizado” por las Naciones Unidas, se quedó cada vez más pequeño y fragmentado, hasta un punto en el que ya no es viable, hasta quedarse en lo que es ahora: unos cuantos territorios esparcidos y rodeados, sitiados, cada uno de ellos, por ... EL MURO.

Bi'lin está muy cerquita de Ramala; de hecho la carretera que la une con la cuidad que es ya la capital de hecho de Palestina es de las muy poquitas que me he encontrado sin un control militar permanente. No es una carretera larga; se tarda en recorrerla en taxi quince o veinte minutos, dependiendo de la cantidad de viajeros que haya que dejar en casa. Es por estar tan cerca de Ramala por lo que esta pequeña ciudad se ve afectada por el muro que se está construyendo alrededor de Ramala. De nuevo, Israel dice que es por razones de seguridad. De nuevo también, los hechos demuestran que es un ejercicio más o menos civilizado de robo de tierras.

Fig 10: La ciudad-asentamiento ilegal junto a Bi'Lin, tras la montaña

Quinto lunes - **Cristianos, musulmanes y judíos**

Hoy M. me lleva al pueblo de al lado a comprar fruta. Me cuenta un episodio curioso de este pueblo: la iglesia estaba muy vieja y necesitaba reparaciones, y los musulmanes insistieron en pagar la mitad del coste. Yo observo que toda la gente viste igual que en el resto de Palestina y le pregunto dónde están los cristianos.

"¿Qué quieres decir?"

"Los cristianos. Las mujeres que no necesitan cubrirse la cabeza. ¿Dónde están? Todas están vestidas de musulmanas."

"Ah. No. Las cristianas se visten igual."

"Entonces lo de cubrirse la cabeza no es algo religioso, sino una costumbre cultural."

Y sigo sobre lo sorprendida que estoy por el hecho de que cristianos y musulmanes convivan en el mismo pueblo.

"Bueno, sí, y judíos también."

"Te refieres a algún asentamiento."

"No, no en asentamientos. En el pueblo."

"¿Judíos en los territorios ocupados?"

"Sí."

"Pero, ¿no les expulsaron a todos, los romanos?"

"Algunos se las arreglaron para quedarse, nunca se fueron. Pero los israelíes les tratan igual que palestinos. Para ellos sólo son palestinos."

Quinto martes - **El asentamiento-ciudad**

A primera vista, el asentamiento israelí que está cerca de Bi'Lin no es reconocible como tal. No se parece en nada a los demás asentamientos que hemos visto. Este se parece más a una horrible mega ciudad que a una bonita pequeña villa. Desde donde estoy sólo pueden verse los trozos de ciudad que sobresalen tras la colina que tapa casi toda la ciudad. Los habitantes de Bi'Lin dicen que la ciudad/asentamiento tiene una capacidad para cinco mil habitantes. Fig 10

La tierra en la que se levanta esta ciudad-asentamiento antes era propiedad de un agricultor. Antes de la ocupación tenía ochenta kilómetros cuadrados; ahora las confiscaciones ilegales sin compensación le han dejado con cinco.

Quinto miércoles - **Té y galletas**

Hoy salgo a dar un paseo con W. y nos perdemos. Nos paramos en una esquina, tratando de decidir por qué calle tirar, y entonces alguien nos llama desde un portal. Una mujer nos está llamando, haciendo gestos para que entremos en su casa. Nos miramos y decidimos que este debe de ser un gesto más de la gran hospitalidad palestina.

Nos conduce a través de su casa y, siguiéndola, llegamos a un pequeño patio-jardín. Hay dos sillas vacías en el círculo donde está sentada la familia y nos invitan a sentarnos en ellas.

La mujer que nos ha traído aquí desaparece dentro de la casa y nos deja con dos chicos, una chica pequeña y un hombre algo mayor, que asumimos es el padre.

Son los chicos los que llevan la conversación. Nos dicen que van a la universidad, y que saben que no habrá trabajo para ellos cuando acaben. La niña está aún en el colegio. Más que mirarme, tiene los ojos clavados en mí. Es un poco incómodo pero entiendo que tiene que ser bastante inusual para ella ver una mujer de mi edad con la cabeza descubierta en presencia de hombres que no son de mi familia. Le pregunto su nombre pero se queda sonriendo y mirando a sus hermanos llena de timidez.

La mujer sale al jardín y nos ofrece té, junto con unas pastas que se parecen mucho a unas que venden en Ramala. Nos confirman que las pastas son de allí y que el padre las trajo como algo especial para la familia. Hay té para todos, pero las pastas son sólo para W y para mí. Nos dicen que si no las queremos ahora nos las podemos llevar a casa. No podemos rehusar y decido que serán mi desayuno especial mañana.

Como otros palestinos que hemos conocido, nos preguntan por nuestras vidas en casa, en nuestros países,. También quieren saber por qué, de toda Palestina, hemos venido a esta pequeña ciudad. Les decimos que por las manifestaciones de los viernes y las redadas nocturnas.

"Sí, pero ¿cómo supisteis?"

Intentamos explicarles toda la historia pero su inglés es limitado y nuestro árabe inexistente. Así que acortamos:

"¿Conoces a M.?"

"Sí."

"Nos quedamos en su casa. Él está en un grupo, nosotros vinimos a ese grupo. Nos dicen, 'necesitamos gente en Nablus, en Bi'Lin'. Así que venimos."

Se queda mirando al suelo y adivino que le gustaría preguntar más pero sólo nos mira y dice:

"Gracias."

Y yo no sé qué contestar. Venimos a su casa, bebemos su té, nos llevamos las pocas pastas que el padre seguro que ha comprado en un viaje especial, nos lleva a casa y aún necesita decir "Gracias".

Quinto jueves - **Israelíes contra el muro**

Mañana es la manifestación semanal en Bi'Lin. Las manifestaciones aquí nunca son aburridas. No consisten simplemente en caminar del punto A al punto B. A juzgar por los materiales que he visto por aquí de previas manifestaciones, como pancartas y disfraces, se nota que hacen accesorios creativos para cada manifestación. Probablemente también caminaremos, pero sabemos que habrá soldados y que harán uso de la violencia y de armas de varios tipos.

Unos cuantos hombres y chicos vienen al piso a trabajar en los accesorios de mañana. También más israelíes y extranjeros. H. llega de Jerusalén. Nos cuenta que el ejército ha entrado a la fuerza en el hotel donde visité a A., en Jerusalén Este. Parece que los soldados buscaban a palestinos que no tienen permiso para estar en Jerusalén. Registraron todo el hostal pero al menos no ocurrió nada más. Pudo ser verdad que buscaban a algún "ilegal", o pudo ser un ejercicio de acoso rutinario a un hostal turístico regentado por palestinos.

El estado israelí no sólo ha revocado el permiso que tenían miles de palestinos para trabajar en Israel. También deniega a muchos palestinos el derecho a "viajar" a sitios como Jerusalén, y todos los territorios que se reconoce "oficialmente" como Israel, y eso incluye todo Jerusalén, aunque la "comunidad internacional" siga diciendo que Jerusalén Este pertenece a los "Territorios Palestinos" y será la capital de la futura Palestina. Las políticas israelíes han hecho esto inviable y ahora Ramala es la capital "de facto".

Los que están construyendo accesorios terminan y nos enseñan unos vídeos de manifestaciones anteriores. Seguimos lo que ocurre en los vídeos gracias a los subtítulos. Los soldados israelíes nunca hablan a los palestinos en inglés delante de las cámaras. Un palestino pide a los soldados que dejen de disparar gas lacrimógeno y otras armas químicas contra la manifestación pacífica. El soldado israelí grita en hebreo lo que los subtítulos traducen como:

"¡Echa primero a los extranjeros! ¡Saca a los extranjeros de aquí!"

Los vídeos terminan y empiezan a llegar más activistas israelíes para pasar aquí la noche para ir a la manifestación mañana.

Cenamos todos sentados en el suelo y hablo con la mujer sentada a mi lado. B. es una israelí nacida en Suecia. Me cuenta que aprendió hebreo en seis meses, porque es muy fácil. Ahora ya lo domina, dice, y está aprendiendo árabe, que es mucho más difícil. Lleva años estudiando y aún no puede tener una conversación con fluidez. Además es difícil practicarlo, porque los palestinos quieren practicar su inglés o presumir de que saben hebreo. Casi todos los palestinos, dice, al menos los hombres, saben hebreo, bien por haber trabajado para los israelíes, cuando les era permitido, o por haber estado en la cárcel. No tanto las mujeres. Por eso le gusta mezclarse con mujeres y niños palestinos, para poder hablar en árabe con ellos.

Ahora que lo pienso, yo no me he encontrado con ningún palestino ni palestina que no sepa al menos darme direcciones en inglés. Quizás sea por que he estado en sitios donde están acostumbrados a ver y a hablar con extranjeros.

B. me cuenta cómo, como judía, pudo venir aquí con más derechos que los que tienen los palestinos, y vivir en el Israel legal o en uno de los asentamientos ilegales especialmente preparados para inmigrantes como ella. Ella ha elegido vivir en una localidad más modesta y tomarse cada viernes libre para venir y apoyar esta manifestación contra el muro ilegal - aunque, después de unas pocas semanas aquí, es difícil saber qué es legal y qué no.

Parece que sabe bastante del muro y la gente que lo construye. Dice que son los palestinos mismos, después de haber sido despojados de su tierra, de su sustento, y luego del derecho a trabajar en Israel. Cuando se les ofrece trabajo como constructores del muro, están de verdad lo suficientemente desesperados para aceptarlo.

"No hay un solo trabajador israelí en la construcción del Muro. Sólo los soldados custodiándolo. Se obliga a los palestinos a que construyan su propia jaula. El Estado de Israel está despojando a los palestinos de toda dignidad."

También me cuenta historias de otras manifestaciones contra el Muro, donde no había internacionales o activistas israelíes. En una de ellas, los soldados israelíes mataron a cuatro manifestantes palestinos. Esto, me dice, nunca pasa cuando hay extranjeros delante. Así que parece que la mera presencia de extranjeros privilegiados evita matanzas.

F. es francesa y algo así como economista, o parecido, por cómo habla. Dice que ha hablado de la agricultura palestina con muchos granjeros palestinos y la conclusión a la que llegan todos es la misma: que Palestina tiene muchísimo potencial para ser un país rico, para desarrollarse a partir de una producción agrícola, capacidad y saber hacer excelentes. Pero el estado israelí lo detiene todo.

Recuerdo que en clase de Historia nos explicaron que, cuando los Reyes Católicos expulsaron a judíos y árabes de los reinos de Castilla y Aragón, tuvieron que dejar en el Levante a una familia árabe de cada diez porque eran las únicas que sabían de agricultura. Esa sabiduría se ve aquí también, en sus sistemas de regadío, en cómo mantienen sus huertas en las condiciones de privación en que les mantiene el ejército israelí... todo lo que he comido aquí, sobre todo en los pueblos, es producto de sus propias tierras, y es realmente excelente: el aceite, la zata, el pan, las aceitunas, las mandarinas, las clementinas ... Pero como dice F., ¡de qué sirve todo esto si las fuerzas de ocupación no permiten sacar ninguno de estos productos fuera del país!

F. continúa diciendo que lo que ha pasado desde la llegada del Estado de Israel es un estrangulamiento continuo de la economía palestina: primero les quitan su tierra y hacen de sus habitantes refugiados, luego les quitan el agua, luego ponen a esos refugiados y otros destituídos a trabajar para la población ocupante, luego prohíben esta forma de subsistencia mientras les quitan más tierra y más agua; y mientras hacen todo esto no permiten ningún comercio con el mundo exterior, ni siquiera con la población ocupante. Y luego recuerdo a un colono diciéndonos que la única aspiración de los árabes es largarse fuera del país para hacer fortuna en otros lugares.

Quinto viernes - **Piedras y gas**

Todos los viernes hay una manifestación contra el muro en Bi'Lin, que de hecho es sólo una valla metálica junto a una carretera, como la que vimos en Jayyous. Se le llama muro porque también sirve para separar comunidades y roba tierras de la misma manera.

Más activistas israelíes e internacionales llegan durante la mañana y la calle está muy concurrida, incluso antes de que los palestinos salgan de la mezquita. J. y A. son algunos de estos internacionales y nos ponemos al día de lo que hemos estado haciendo desde la última vez que nos vimos. A. ha estado en Ramala y en Jerusalén y J. ha estado aquí, en Hebrón y en Kawawis. Les comento que seguramente será demasiado tarde ya para mí para ir a esos dos sitios, porque ya me queda poco de estancia en Palestina. Me dicen que merece la pena y me animan a ir. Les contesto que si me voy, Bi'Lin se quedará sin internacionales y es cuando no hay internacionales que entra el ejército. Su argumento es que debería aprovechar al máximo este viaje y ver lo más posible para luego contarlo en casa. Tiene su punto de razón. Pero ¿no he visto ya suficiente? Y hoy voy a ver una manifestación...

"No has visto Hebrón."

B. nos recomienda encarecidamente que compremos algo de perfume para contrarrestar el olor del gas lacrimógeno. Voy a la tienda con ella y compro también una botella de agua porque también me dice que serán unas cuantas horas de pelea, así que mejor tener al menos algo de beber. El tendero sabe para qué es y nos hace un precio especial.

Hacia mediodía, cuando los palestinos salen de la mezquita, ya somos más, entre palestinos, israelíes y demás. Israelíes y extranjeros tenemos diferentes "privilegios": es algo más improbable que arresten o que hagan daño a los internacionales; es algo más probable que escuchen o arresten a los israelíes. Privilegios, los palestinos, no tienen ninguno. Lo más probable es que disparen y arresten a palestinos. Así que, cada uno con nuestros diferentes privilegios, a la manifestación nos vamos todos juntos.

Casi todos los activistas israelíes llevan puestos pañuelos palestinos. Algunos extranjeros también, pero yo no me traje el mío porque me dijeron que si me lo veían en el aeropuerto al registrar mi equipaje iba a tener mucho más difícil que me dejaran entrar en el país: si sospechan que apoyas la causa palestina, entonces eres un terrorista en potencia y no se te deja entrar. Y a la salida los interrogatorios y registros deben de ser todavía peores, así que ni me he molestado en comprarme uno.

Cuando la manifestación llega cerca del muro, los soldados simplemente bloquean el paso. Durante una media hora todo lo que hacen los palestinos es corear y cantar en árabe y bailar delante de los soldados. Luego los soldados cogen sus megáfonos y nos dicen en hebreo que nos vayamos. Parece que los "shebab", los jóvenes, quieren llegar hasta la valla, y el trabajo de los soldados, en teoría, es evitar eso, pararles.

Algunos jóvenes palestinos van cuesta abajo para llegar al "muro" campo a través. Los soldados les siguen y cuando los jóvenes palestinos son más numerosos que los soldados, les lanzan gas lacrimógeno a distancia. No pueden usar más que bombas de sonido y gas lacrimógeno, mientras los palestinos no tiren piedras. Cuando las tiran, los soldados pueden tirar a matar legalmente. Carta blanca. Por eso les provocan, para que les tiren piedras y poder así dispararles. De momento nos dejan a los internacionales e israelíes en paz, por una parte porque saben que nosotros no vamos a tirar piedras, y por otra porque no hay carta blanca para los internacionales. De momento.

Según lo que nos cuentan los israelíes que son las normas del ejército, el gas lacrimógeno sólo lo pueden tirar en elipse, porque el objetivo no es dañar a nadie con la lata en que está encerrado el gas sino sólo dispersar a la gente. Pero ahora veo a un soldado arrodillado, apuntando su metralleta a la cabeza de uno de los chicos palestinos, casi niños, que se retraen ya campo a través hacia el pueblo, alejándose del muro. Le apunto con mi cámara e inmediatamente otro soldado le toca en el hombro y me señala con la cabeza. Le veo mover los labios y leo "grabando". El de la metralleta me mira y se levanta. Mi cámara acaba de evitar un tiro en la cabeza. Pero no va a evitar todos.

Alguien en la manifestación les dice a los soldados, en inglés, que lo que están haciendo viola leyes internacionales. Uno de los soldados responde:

"Aquí no se aplican leyes internacionales. Sólo la ley israelí."

La acción sigue a mi alrededor y tengo que dejar de mirar y apuntar con mi cámara para esquivar la porra de un soldado y correr. De pronto suena un disparo y el sonido de una lata de gas lanzada al aire. Pero el rastro de humo que deja en el aire no es elíptico. Va en línea recta, derecho a donde están los chicos. Que ahora ya no corren, porque están recogiendo a uno que parece que se ha caído y que está sangrando de la cabeza. Han dado a un niño con una lata de gas en la cabeza. Eso era lo que querían.

A nosotros también nos quieren gasear los soldados pero no pueden porque estamos demasiado cerca de ellos y les afectaría a ellos también. Primero nos tienen que alejar de ellos para luego poder gasearnos. Así que hay un continuo ir y venir arriba y abajo de la carretera que hace tiempo conducía a alguna parte y ahora la corta el muro. Los soldados nos empujan, nos gritan, a veces en inglés pero sobre todo en hebreo, nos dan con las porras, nos arrastran, nos golpean con la culata de sus metralletas, nos tiran del pelo, hasta que llega un momento en que no podemos aguantar más y corremos para alejarnos de su violencia.

En los breves momentos en que hay unos pocos metros de distancia entre los soldados y los manifestantes, los soldados corren alejándose de nosotros para aumentar esa distancia y nos echan latas de gas lacrimógeno. Entonces nosotros corremos de nuevo hacia ellos, acortando distancia de nuevo, para que no puedan gasearnos, y vuelta a empezar.

Pregunto cuándo acaba esto porque no le veo fin y se me está haciendo eterno.

"Así puede seguir durante unas dos o tres horas", me dice J., que ya ha estado antes aquí. Y yo me pregunto si simplemente nos iremos a casa, heridos y cansados de este "juego", o quién decidirá cuándo acaba esto.

Durante las dos horas que siguen el baile arriba y abajo se repite una y otra vez en la carretera y el aire se llena de gas lacrimógeno, disparos y gritos. Nos tapamos la cara con pañuelos o bufandas; estas y nuestras cámaras son nuestras únicas armas. Pero los ojos no nos los podemos tapar, y duelen. Y el gas ahoga. Sin embargo no estamos en callejas ni túneles; estamos en campo abierto y el gas se dispersa más rápidamente que en las manifestaciones urbanas. La mayoría de nosotros, incluidos J., A. y yo, nos alejamos tanto que llegamos casi al pueblo, y algunos se esconden detrás de una casa. Yo me vuelvo a comprobar que J. viene con nosotros. Le veo a unos cinco pasos de distancia de mí y medio segundo después de localizarle pasa una lata de gas entre los dos, dejando una estela recta de humo detrás, casi tan veloz como una bala. (¡¡Fiiiiiiiiiuuuuuuu!!) Yo grito llena de terror.

La lata no ha dado a nadie y la acción continúa. Nos escondemos todos detrás de la casa. Me tiemblan las piernas. Al cabo de un ratito se calma la cosa y todos salimos, de vuelta a la manifestación. Yo me quiero quedar: es demasiado horrible y tengo miedo. J. me grita en árabe:

"Ya-la!" (que es tan similar a nuestro "¡Hala!"). Le grito de vuelta:

"¡Qué es eso de Ya-la!", y los palestinos se ríen.

Lentamente, sin sentir un ápice de apremio por acercarme a los soldados de nuevo, camino detrás de los que ya están corriendo hacia ellos. Y la función comienza de nuevo.

En el curso de estas escaramuzas han arrestado a dos israelíes, pero como tienen los mismos derechos que un occidental tendría en su país, no se considera que sus vidas o las de sus familias vayan a correr peligro. Pero si arrestan a un palestino, a saber lo que le vayan a hacer. Le pueden acusar de lo que quieran y, como no tiene ni derecho a oír la acusación, es muy difícil que no vaya a la cárcel al menos por un tiempo, y tendrá suerte de salir con la misma salud con la que entró.

De pronto salen mujeres de ningún sitio y de todas partes y se ponen a chillar a los soldados. Así es como me entero de que un palestino ha sido detenido. A. explica:

"Nunca hay mujeres palestinas en las manifestaciones" - y efectivamente, me doy cuenta de que las únicas mujeres que he visto hasta ahora son israelíes y extranjeras - "pero cuando arrestan a un palestino, salen todas a chillar a los soldados, eso es lo que hacen."

Es lo único que se atreven a hacer, pero se ve toda la rabia y toda la impotencia en esos gritos, y en cómo miran a los soldados, y a nosotros. Sobre todo una de ellas, mayor que las demás. A. me dice que es la madre del detenido.

Nosotros poco podemos hacer, aparte de ceder al chantaje de los soldados israelíes: "Le soltaremos cuando os vayáis". Es decir: el rehén a cambio del final de la manifestación.

Todas las conversaciones y negociaciones se desarrollan en hebreo, así que me entero de lo que pasa gracias a algunos israelíes que de vez en cuando nos traducen. Los palestinos dicen que los soldados deberían soltar al rehén primero y que luego nos iremos. Los soldados dicen que nos retiremos primero, que nos alejemos del muro, y que luego soltarán al rehén. La gente se va alejando poco a poco pero la madre del hombre arrestado se queda. Unas cuantas mujeres palestinas se sientan con ella en unas piedras al borde de la "carretera" palestina que está cortada por el muro contra el que protestamos, y que aún continúa al otro lado, ahora completamente inútil. Algunas chicas israelíes se quedan con ellas también.

Poco a poco, la manifestación se ha separado en hombres y mujeres. Los hombres están más lejos del muro y los soldados. Las mujeres están sentadas justo a su lado. Le pregunto a una chica israelí si estará bien grabar a las mujeres palestinas en vídeo. Me dice que les pregunte. Le pido que me haga de intérprete y accede. Les pregunta y contesta la madre del rehén:

"Durante muchos años nos han estado fotografiando, filmando, y no ha cambiado nada."

Me siento a su lado, la cámara apagada, esperando, con ellas. Los soldados están de pie, cerca de nosotras. Estamos casi todas sentadas. No nos miran a las mujeres; miran a los hombres que están más abajo, en la carretera. Pareciera que esperaran algo de ellos.

Un hombre palestino se acerca; pareciera que va a hablar con los soldados, pero le habla a la madre del detenido, que es mucho mayor que él. La señora se levanta, nos mira a las demás y nos dice algo breve, y todas se levantan, así que yo también. Pregunto a una chica israelí qué pasa y me dice simplemente que el hombre nos manda que vayamos con ellos, lejos de los soldados.

"Pero las mujeres querían quedarse aquí..."

"Así es su cultura. Viene un hombre, les dice que se marchen, y se marchan."

Vuelvo con J. y A. y seguimos esperando.

Una furgoneta viene por la carretera desde el muro en construcción, llena de hombres palestinos que no han estado en la manifestación. Se paran y hablan con los palestinos que siguen esperando con nosotros. Pregunto a A.:

"¿Quiénes son?"

"Son escoria."

Pongo cara de desaprobación y me explica que son los trabajadores que están construyendo el muro. Trabajan para el Gobierno de Israel y luego son tratados como cualquier otro potencial terrorista, sin poder utilizar las carreteras que construyen, teniendo que usar otras como ésta, cortadas.

"Bueno, no son escoria", matiza A. "Trabajan para ellos. Están construyendo su propia cárcel. No deberían..."

"Probablemente no tienen otra opción si no quieren morirse de hambre."

Después de una espera de indeterminada duración los soldados deciden liberar al rehén y hay un despliegue de alegría. Cumpliendo con el "acuerdo" con los soldados, la mayoría de la gente se va a casa y A. y J. confirman que esto ha sido todo por hoy.

Dando la manifestación por terminada, nos sentamos los tres en unas rocas a descansar. Más trabajadores vienen desde el muro, estos a pie, y dos de ellos vienen a donde estamos nosotros a hablar. Nos dicen que son de Hebrón. Vienen todos los días pero aún tienen que usar carreteras palestinas y pasar por los controles militares.

Ahora hay unos soldados en lo alto de una colina hecha de escombros. Están mirándonos, o quizás mirando a unos chicos que se han tapado la cara y la cabeza con pañuelos palestinos y que andan practicando con unas hondas, sin tirar piedras. Pero tras unos pocos minutos empiezan a tirar piedras a los soldados.

Les miro con reprobación y miro a A.

"A ver si mejoran la puntería", dice. Pongo cara de no poder creer lo que le oigo y sigue:

"Legítimamente, podrían estar defendiendo su territorio con metralletas. Este ejército ha invadido su país, ésta es una ocupación ilegal de una tierra legítimamente suya, y las únicas armas que tienen son las piedras."

"Pero tirar piedras no ayuda a mejorar la situación."

"No somos quién para juzgarles. No es nuestra tierra, ni nuestro país. Es su guerra, no la nuestra."

Debe tener su punto de razón porque tengo la impresión de que cualquiera que sea mi respuesta, les estaré juzgando.

Los chicos tiran piedras pero ninguna de ellas da ni de cerca a los soldados que están en la colina. El resto de los soldados israelíes han desaparecido en los blindados que están aparcados junto al muro. El resto de los manifestantes también se han ido. Sólo quedamos nosotros tres con los chicos palestinos de Hebrón, que están interesadísimos en que les enseñemos las fotos que tenemos en nuestras cámaras.

Los chicos de las hondas quedan a nuestra derecha, a unos cuarenta o cincuenta metros de nosotros. Los soldados quedan enfrente de ambos grupos, en una colina solitaria, extraña; quizás a cien o doscientos metros en línea recta. Para llegar a ellos habría que bajar primero al fondo de un valle, que desde donde estamos no se ve, y luego subir cuesta arriba. Hay una brisa suave que nos viene de la derecha. Los chicos siguen tirando piedras a los soldados. Los soldados les miran pero no hacen nada. Sabemos que, una vez que los chicos tiren piedras, los soldados tienen carta blanca para usar las armas que quieran. Como si quieren disparar balas de las que matan. Puede que nuestra presencia, o la de nuestras cámaras, sea lo que les detiene.

El chico de Hebrón que está sentado a mi lado me pide que le enseñe fotos y se las voy pasando, mientras con el rabillo del ojo miro a los soldados. Entonces uno de los soldados tira una lata de gas lacrimógeno, que queda corta y no da a nadie y cae entre los de las hondas y nosotros. No vemos la pelota pero sí el humo, ya familiar, viniendo en dirección a nosotros desde la lata, y que se va desvaneciendo por delante de nosotros sin llegar a envolvernos. Nos tapamos la nariz por rutina pero el humo ha quedado alejado y se desvanece.

Los chicos de las hondas se van y nos dejan allí solos frente a los soldados, pero la manifestación ha acabado hace un rato, y ahora que ya nadie tira piedras ni pelotas de gas, pensamos que nos podemos relajar y quedarnos aquí descansando de las horas que llevamos corriendo arriba y abajo. Todo está tranquilo alrededor de nosotros, así que me concentro en las fotos que le estoy enseñando al chico que se ha sentado a mi lado y que me cuenta que viene hasta aquí desde Hebrón todos los días para trabajar para Israel construyendo el muro, que odia hacerlo pero necesita un trabajo para sostener a su familia, que no hay más trabajos a su alcance y que no se le permite emigrar a ninguna otra parte para encontrar trabajo.

Y entonces de repente empieza a picarme violentamente la garganta. Toso y la nariz se me entapona y los ojos me duelen y me lloran cuando me sueno la nariz, y me duele toda la cara. Y es extraño y aterrador no poder ver lo que lo está causando, que está viniendo sin venir de ninguna parte.

Oigo a los otros toser también, pero no puedo verles. El dolor no me deja abrir los ojos. Sin embargo necesito ver a mis compañeros. Me fuerzo a abrir los ojos con dolor, solo lo suficiente para ver la silueta de J. y el pañuelo que le tapa la cara. Parece que se está encaminando hacia las casas.

Durante la manifestación, hemos visto todas y cada una de las latas que nos arrojaban, podíamos oír primero la detonación, después veíamos el humo, y luego el humo se disipaba dejando detrás un olor extraño.

Pero ahora no hemos oído nada; no hemos visto nada. No hemos notado ningún cambio en el aire. Y sin embargo me pasan estas cosas extrañas y dolorosas en la nariz, los ojos y la boca, y parece que a los demás les están pasando también.

No me he sentido tan mal en todo el día, y mira que habremos recibido gas hoy. Pero antes nos alejábamos del humo y ya estaba, dejaba de olerlo, y corría y volvía, y echaban otra pelota, y vuelta a empezar. Ahora el aire está completamente limpio a la vista, y aún así hemos sido todos violentamente golpeados por estos síntomas horripilantes.

En cuanto puedo reaccionar sigo a J. y a A., huyendo de allí corriendo, volviendo a casa.

Lo recuerdo mientras corro casi a ciegas. No es el humo lo que es el gas. El gas en sí es invisible, no se ve. El humo avisa que el gas va a venir, pero el gas invisible se esparce mucho más rápido y mucho más allá que el humo. Y aunque puedes respirar normalmente, provoca no sé qué reacción química en el cerebro que te hace sentir que no puedes respirar, y respiras con más fuerza, lo que hace que metas más gas en los pulmones y más paranoia en el cerebro.

Pero esto es aún más a lo bestia. Que la garganta se seca y pica y que no se puede parar de toser y llorar no nos lo habían dicho. Y lo del pánico, y lo del dolor, tampoco. Esta cosa, que está atacando nuestros cuerpos, que hace que nos duela casi todo, y sobre todo los órganos de la cara, y que no se ve, no se nos mencionó.

Los ojos me lloran y me duelen. La nariz se me carga como si tuviera tremendo catarro. Y este mareo... Esto es diferente del gas lacrimógeno que hemos recibido antes.

Llegamos a casa y los síntomas amainan poco a poco. Necesito hablar sobre lo que está pasando, ponerlo en palabras, verbalizarlo, ponerlo en perspectiva, o se me puede explotar el cerebro.

"Así que estas son las armas biológicas. No las ves, no las sientes, simplemente te hacen polvo por dentro, y sigues sin ver nada anormal, ni fuera de ti ni en la piel, pero te quema la garganta, y los ojos te duelen."

"Esto es, están usando armas biológicas contra manifestantes desarmados y pacíficos" - contesta J.

"Pero, ¿por qué este último acto? La manifestación había acabado, estábamos descansando, todo había terminado. Hasta los chicos que tiraban piedras se habían ido."

"Los soldados necesitaban librarse de nosotros y de nuestras cámaras antes de utilizar munición real."

"Con la dirección del viento, sabían que, echando el gas donde lo echaron, iba a venirnos directamente a nosotros. Ese gas estaba dirigido a nosotros desde el primer momento, no a los que tiraban piedras. Los chicos con las hondas debían de saber esto. Por eso se marcharon en el momento en que vieron el humo, porque sabían que el gas nos haría marcharnos y la munición de verdad vendría después."

Quinto sábado - **El día después de la manifestación**

Imagínate que vives en constante tensión. Imagina que no hay ningún sitio seguro donde vives y que nunca te puedes ir en paz a dormir. Imagínate que esta noche, mientras te estás quedando dormido, oyes a alguien en la puerta de tu casa pidiendo que abran. Imagínate que la persona con la que vives, tu pareja, tu compañero de piso, tu madre... se levanta y abre la puerta. Imagínate que quien entra es otra persona que vive contigo; tu hijo, la novia de tu compañera de piso, tu padre... e imagínate que ahora, al saber que todos los que viven en tu casa han llegado por fin al final del día, sólo ahora sabes que toda tu familia ha vivido al menos un día más.

Pero imagínate que quienes llaman a la puerta no son gente que viven contigo, sino soldados, que vienen a por ti, a por tu pareja, a por tu padres, a por tus hijos. Imagínate que nunca puedes dormir tranquilo pensando que pueden venir en cualquier momento. Imagínate que cada vez que alguien llama a la puerta, toda tu familia salís al salón aterrados, mirándoos a lo ojos, unos a otros, decidiendo si abrir...

J. y A. se fueron ayer a la tarde, con los demás activistas, israelíes y extranjeros, que vinieron sólo para la manifestación. Unos pocos de nosotros nos hemos quedado para "cubrir" las posibles incursiones y redadas.

Es noche cerrada cuando dos de los que se quedan con nosotros vuelven a casa y se encuentran con la puerta de la calle cerrada. Dan la vuelta a la casa hasta que encuentran una luz encendida, la mía. Me llaman con los nudillos en la ventana y me piden que les abra. Salgo al portal. La puerta hace bastante ruido, a pesar de que intento abrirla en silencio. No hemos llegado aún a nuestras habitaciones cuando vemos al vecino de arriba bajando con expresión de espanto:

"¿Quién ha hecho ese ruido?"

"Nosotros."

"¿Nadie más?"

"No, nadie más. Llegamos ahora, sentimos haberle molestado a estas horas."

"No es molestia. He pensado que eran soldados."

Quinto domingo - **Internet Relay Chat (chateando)**

En el piso hay internet y me conecto a un servicio de chat donde puedo hablar con un amigo que está en casa.

<amigo> que tal?
<amigo> todo bien?
<yo> sisi!
<yo> estoy en bi'lin, un sitio donde por el dia no pasa absolutamente nada
<yo> asi que nadie quiere estar aqui, por que la mayoria son chicotes necesitados de adrenalina
<amigo> vale
<amigo> asi que te quedas en bi'lin un tiempo
<amigo> y a ti te gusta estar ahi?
<yo> pues si, ya sabes que no me gusta la violencia, ni las situacinoes tensas
<amigo> violencia?
<yo> si, de los colonos sobre todo
<yo> el otro dia fui a una mani con tear gas y balas,
<yo> y menudo chute de adrenalina
<yo> no me extraña que a la gente le molen estas cosas
<amigo> ten cuidadito de donde te metes! :)
<yo> bueno las balas son de 'goma'
<yo> en teoria
<yo> son de metal con una finisima capa de goma
<amigo> y son una putada
<yo> yo gritando como una loca
<yo> solo de verlo
<amigo> vigila que estos no se cortan ni un pelo
<yo> esas balas son las que ocurren en este pueblo, todas las semanas
<yo> en esas manis no arrestan a nadie,
<yo> porque a quien arrestan lo usan de rehen:
<yo> lo soltamos si os vais a casa
<yo> y lo sueltan
<yo> pero luego hacen redadas de noche por las casas
<yo> y arrestan a los chavales desde sus camas,
<yo> y he oido que es bastante violento
<yo> por eso estamos aqui los internacinales el resto de la semana
<yo> pero cuando hay internacionales no arrestan de noche
<yo> porque saben que los grabamos y los ponemos en internet
<yo> asi que cuando estamos nosotros, es aburrido
<yo> lo pillas?
<amigo> si :)

Sexto martes - **Última visita en Bi'Lin**

W. y yo salimos a dar una vuelta por los alrededores, observando de nuevo el muro y, como de costumbre, no nos volvemos a casa sin que nos inviten antes. Esta vez es M. y su hijo invitándonos a la azotea de su casa, a comer aceitunas. La comunicación es difícil así que sólo nos enteramos de que todas las tierras que vemos al otro lado del muro/carretera un día pertenecieron al padre de M.

Mientras estamos en su terraza vemos una máquina que yo no había visto nunca antes. La miramos mientras se desplaza lentamente sobre lo que desde aquí parece escombro pero que es la gravilla con la que están haciendo la carretera. M. nos dice:

"Para llevar los olivos."

Le miro sorprendida y W. explica:

"Esa es la máquina con la que arrancan los árboles de cuajo." Fig 11

Volviendo a casa decido que voy a hacer caso a J. y A. y voy a ir a Hebrón y a Kawawis, al sur de Jerusalén. R. en Ramala me dice que el control militar de Qalandia, entre Ramala y Jerusalén, está cerrado ahora, pero que seguro que en unas horas lo abren otra vez. Le pregunto cuánto tiempo me llevará llegar a Hebrón y me responde que unas dos horas. En un país normal quizás sería media hora o una, dependiendo del tráfico, pero aquí tendré que cambiar de taxi en Qalandia y luego también en Jerusalén. Aquí se quedarán W. y F. "de guardia".

Tengo que agradecer que, en todo el tiempo que he estado aquí, no he tenido que salir ni una sola noche.

Fig 11: Máquina de arrancar árboles

Sexto miércoles - **El ataúd-control militar en Hebrón**

Salgo del piso donde me he estado quedando muy de mañana, sin despertar a nadie. No quiero arriesgarme a llegar de noche a Hebrón porque ni siquiera sé cómo llegar a mi destino, y esta vez también viajo sola. La primera parada es por supuesto Ramala: primer cambio de taxi. De ahí a Qalandia, control militar que R. me aseguró ayer que pasaré sin problemas. De allí a Jerusalén y de Jerusalén a Hebrón.

Pero el taxi que nos lleva a Qalandia se para en medio de una carretera desierta donde sólo hay muchos taxis y poca gente. A lo lejos vemos unas alambradas, cortando lo que parece que queda de carretera. El control militar está cerrado.

Frente a esa alambrada hay un hombre muy mayor y una mujer no tan mayor. Parecen ahí parados esperando a algo. Hay equipos de televisión pequeños cerca - dos personas por equipo parece que bastan. Sus cámaras son pequeñas comparadas con las cámaras que se ponen a disposición de los alumnos en algunas universidades de Londres.

Después de filmar a un grupo de hombres que leen un papel escrito en hebreo pegado al muro, uno de los equipos se dirige hacia la pareja. Yo también.

Los de la tele le hacen preguntas al hombre y él les cuenta y les enseña unos papeles que lleva en unos sobres. Cuando termina de hablar y apagan la cámara, le pregunto al del micrófono qué es lo que pasa. Me dice que el control militar está cerrado porque ayer alguien atacó a un soldado, y que este señor mayor está muy enfermo, que tiene hora en el hospital y esos papeles son del médico y del hospital como prueba. Tiene la esperanza de que, por compasión, al menos a él, le dejen pasar. Pero no parece que le van a dejar en absoluto. Le pregunto al del micro qué pasa si no le dejan pasar, si no nos dejan pasar.

"Dar la vuelta, ir por otra carretera."

"¿Y cuántas horas tardaremos por esa otra carretera en llegar a Jerusalén?"

Mueve la cabeza, hace un gesto con la boca y responde:

"Hmm... igual dos, tres horas."

Desde Qalandia a la estación de autobuses de Jerusalén se suele tardar una media hora, a veces menos. Pero además a mí me queda la otra parte del viaje, a Hebrón. Dos horas era lo que iba a tardar en llegar hasta Hebrón.

Pero el hombre no pierde la esperanza y llama a un soldado que ve a lo lejos para hablar con él. El soldado viene, haciéndose acompañar por otro, y vienen los dos a paso lento - tienen todo el día y mucha falta de respeto. Los soldados que vienen hacia nosotros tienen exactamente la misma pinta que todos, con sus uniformes verdes, y sus brazos apoyados en unas metralletas enormes. Durante unos cinco minutos el hombre habla con ellos, les enseña los papeles, que ellos ni tocan ni miran, y tiembla. Tiembla mucho, sobre todo las manos le tiemblan, y guarda los papeles y no sabe dónde poner las manos, y las apoya en la alambradas de espinos, y llora de desesperación pensado que no va a llegar a su cita en el hospital, y se retuerce, y se sienta en el suelo... ¿Cómo va a ponerse ahora en un viaje de dos o tres horas, en su estado? Necesita ir al hospital, ¿no pueden dejarle pasar a él?

Las voces de los soldados se han hecho cada vez más severas y ahora casi le gritan, y yo no doy crédito a mis ojos y oídos, y eso que no entiendo ni una palabra.

De pronto los soldados dejan de mirar al hombre que aún se está retorciendo y me miran a mí, y luego detrás de mí, y gritan. Miro detrás de mí hacia donde miran ellos y me doy cuenta de que se han ido acercando cada vez más hombres y ahora hay unos treinta detrás del primer grupito que nos hemos acercado al alambre. Los soldados hacen gestos con las manos para que se alejen, para que retrocedan. Poco a poco se van alejando todos, buscando taxis que les lleven a Jerusalén. Cuando todos los hombres que estaban detrás de mí y junto al alambre se han ido y sólo quedamos el hombre tembloroso, la mujer, el equipo de televisión y yo, los soldados me gritan a mí también que me vaya, y me voy yo también, y se va la mujer que acompañaba al hombre también, y le dejamos ahí, temblando y llorando, mientras los de la tele parece que le intentan convencer de que no va a conseguir pasar por Qalandia, que va a tener que dar el rodeo como los demás o morirse allí mismo.

Me preguntan varios taxistas a dónde voy y les digo que iba a coger un taxi para Hebrón en Jerusalén. Me señalan un taxi que dicen que no va a Hebrón, pero cerca.

Cuando se llena el taxi nos ponemos en marcha y después de una hora de viaje, en una carretera totalmente desierta, pinchamos. El conductor nos pide que nos bajemos para cambiar la rueda y resulta que la de repuesto tampoco está en condiciones. Nos miramos todos unos a otros, pero nadie se enfada. El conductor hace un par de llamadas por el móvil y, después de una media hora, aparece otra furgoneta-taxi a recogernos. No ha pasado un solo coche en todo este tiempo.

Como en todos los viajes en los que se comparte el medio de transporte, es cuando hay un contratiempo que la gente se pone a hablar, mientras que antes no nos mirábamos siquiera. Así que tampoco son tan diferentes las culturas en este aspecto.

Las mujeres hablan entre ellas en árabe. Una de ellas entabla conversación conmigo en inglés y empieza a contarme su vida. Ella viaja con su hijo, de unos seis o siete años, y se dirigen a Jerusalén, donde vive su madre y donde ella nació. Cuando se casó tuvo que irse a vivir a Ramala, donde vivía su marido, entre otras razones porque él no tenía - ni tiene - el permiso necesario para "entrar en Israel", o sea que no puede ir a Jerusalén. Así que ella tiene que viajar sola con su hijo para poder visitar a su madre, en taxis, y a veces pasándose todo el día viajando, como hoy, cuando les da por cerrar los carreteras y hacer a todo el mundo dar un rodeo.

Llegamos finalmente a un paraje tan lleno de gente y coches que parece un mercado, pero sin puestos. Hay vehículos militares por todas partes y también algunos soldados a pie.

La mujer que me ha contado su vida me coge de la mano y me arrastra por este mercado de taxis asegurándome que me va a encontrar uno que me lleve directamente a Hebrón desde aquí. Algunos taxistas gritan algo que suena como "Al Jalil", o "Al Khalil", que es como se dice Hebrón en árabe. La mujer me dice que el nombre de la ciudad significa "amigo" en hebreo y en árabe, habla con algunos de los taxistas y finalmente me deja con uno que, me asegura ella, me dejará muy cerca de la dirección a la que tengo que ir.

La mujer y yo nos despedimos y el taxista me dice que meta mis cosas en la parte de atrás del taxi y que me meta yo también. Me meto pero está como un horno y salgo otra vez. Normalmente no hay mucha diferencia en el número de hombres y mujeres viajando, pero hoy hay muchas menos mujeres. El hombre me dice por segunda vez que me meta en el coche. Imagino que no está muy bien visto que una mujer se quede parada, quieta, observando. Cojo la cámara y la uso como excusa para quedarme fuera. Los hombres siguen mirándome; los soldados me dicen con gestos: "Fotos no".

Cuando finalmente se llena el taxi nos ponemos en marcha, dejando el bullicio atrás. Unas dos horas más tarde llegamos al centro de Hebrón. En ese tiempo hemos pasado muchos kilómetros de muro de cemento y un par de controles militares "itinerantes", de los que consisten en tres soldados y un vehículo militar cruzado en la carretera. En estos controles no nos tenemos que bajar; los soldados sólo miran por la ventanilla y a veces ni siquiera piden documentación. Ya en el centro de Hebrón, lo que tengo que buscar es el control militar "dentro" de la ciudad.

El taxi nos deja en una plaza caótica llena de taxis amarillos, tiendas, gente llevando carretas llenas de frutas y verduras, y ruido. "Mucho" ruido. Esto es lo más ruidoso, vivo y colorido que he visto desde que estoy en Palestina. La gente habla y se grita, y los taxistas también se gritan y se pitan, discutiendo por los pocos centímetros de espacio que tienen disponibles. Las tiendas y puestos de mercado, tanto de ropa como de comida, expelen colores brillantes, alegres, descarados. El ruido es ensordecedor.

Esta parte de Hebrón, y la Ciudad Antigua, está en teoría bajo la "Autoridad Palestina". La parte donde viven los colonos, hacia donde me dirijo, está bajo autoridad israelí.

Fig 12: Piedras en Hebrón

A la entrada de las calles que conducen o se aproximan a la "sección israelí" hay unas enormes rocas que impiden el paso de vehículos. Me llegan a la cintura y son perfectamente cuadradas y blancas. En cada calle hay tres o cuatro, dejando entre ellas espacio justo para una persona a pie. Fig 12

En algunos casos, hay tiendas abiertas en lo que queda de calle al otro lado de estas rocas, pero siempre menos y más pequeñas que en este lado. En la mayoría la calle está desierta y silenciosa, con todos sus portones verdes cerrados. Fig 13

Los taxis se usan para transportar gente, y la mayoría son coches pequeños, apenas hay furgonetas. Para transportar mercancía, se usan carros de madera de dos ruedas, tirados por hombres. Es la única manera que tienen de sortear las rocas.

La calle que busco también tiene ese tipo de rocas a la entrada. Todas las tiendas al otro lado de esos pedruscos cuadrados están cerradas, y sólo quedan sus portones verdes cerrados con estrellas de David pintadas en ellos. En cuanto paso estas piedras recibo una sensación de que estoy entrando en un territorio donde no soy bienvenida. La calle es, o parece, muy corta. Se acaba con una estructura de hierro que pareciera una caravana, o una casita prefabricada, que bloquea toda la calle de lado a lado, y no se puede ver lo que hay detrás. La calle está desierta, y eso que tapa la calle es el checkpoint, el control militar. No se ve a nadie por aquí. Fig 14

Para pasar por en este control militar urbano hay que subirse a unas plataformas que hacen mucho ruido. Son de metal y no están bien sujetas a lo que creo que es la madera que las mantiene elevadas de la calle. Parece como que están como suspendidas en el aire, y hacen un ruido atronador a cada paso que doy.

Fig 13: Calle de Hebrón

Luego hay dos escaleras muy altas que las personas mayores o discapacitadas lo tendrían difícil para subirlas. Luego hay que abrir una puerta metálica y luego subir y entrar al mismo tiempo.

El interior de esta “caravana” es oscuro y claustrofóbico, como un ascensor estropeado, o como un ataúd. No se ve a nadie. Detrás de mí queda la puerta que acabo de abrir, y que se cierra sola. Delante de mí hay otra puerta que también se tendrá que abrir y cerrar sola, porque no tiene pomo. Así que ahora estoy atrapada entre dos puertas que no puedo abrir.

A mi izquierda hay una especie de espejo y de pronto alguien me grita desde detrás de él. Me doy cuenta de que no es un espejo, sino un cristal ahumado, y de que al otro lado hay un soldado mirándome y señalando mi mochila. Le pregunto si habla inglés y me ordena que abra la mochila con un gesto de la mano, sin hablar. Le digo que sólo es ropa. Me hace otro gesto para que la abra. La abro y le enseño la superficie. Me hace otro gesto ordenándome que saque las cosas, pero no hay un mostrador para ponerlas encima, así que tengo que arrodillarme y sacar mis cosas una por una y dejarlas en el suelo, intentando que no se manchen demasiado. A mitad de mochila parece que se cansa y me lo hace saber, de nuevo con un gesto con la mano. Recojo mis cosas del suelo y le pregunto:

“¿Y ahora qué?”

El soldado no me mira pero al menos la segunda puerta se abre.

Salgo de nuevo al sol y me encuentro con una calle similar a la anterior. En realidad, seguramente es la misma, solo que al ser cortada por esta “cosa”, casi no se hace una a la idea. La atmósfera es totalmente diferente. Hay un silencio peor que sepulcral, como de muerte, casi sobrenatural. A lo lejos, a mis espaldas, sólo se oyen los pitidos de los taxistas, pero suenan más como un eco lejano.

A mi izquierda hay un soldado que me mira de arriba a abajo y frente a mí reconozco a D., a quien conocí en Nablus y que ahora ya está viniendo a mi encuentro. Siento una alegría que me da ganas de saltar, pero la atmósfera deprimente que lo invade todo puede con ello y sólo nos damos la mano sonriendo.

Fig 14: “Control-ataúd”

Me dice que está haciendo guardia, como yo haré en esta próxima semana, mientras los niños están en la escuela, pero sobre todo mientras van y vienen. Parte de la "vigilancia" es observar este control militar que por dentro parece un ataúd, y así vemos a todo el que va y viene, y cuánto tiempo retienen a cada persona. Me dice también que si quiero me puedo quedar con él ahora, pero mejor dejar mis cosas en el piso donde nos hospedamos y recibir al menos alguna formación básica.

Para eso tengo que subir una carretera tan empinada como no he visto nunca, y luego a un cuarto piso. Allí conozco a K. y me reencuentro con otra gente que he conocido en otros lugares. K. me explica la geografía y las circunstancias de esta parte de Hebrón, y de los asentamientos vecinos que están haciendo la vida de los palestinos un infierno. Tanto que la mayoría de las casas palestinas están vacías. Sólo queda gente que realmente no tiene ningún sitio al que huir y por supuesto ninguna posibilidad de vender sus pisos, puesto que nadie querría comprarlos. Y no resisten, aquí no hay manifestaciones, dice K., sólo silencio, y una discreción enferma no vaya a ser que los colonos se enfaden. Así que nada de sacarles fotos, que no les gusta, y nada de intentar hablar con ellos tampoco. Es demasiado peligroso, son demasiado violentos.

Le pregunto a K. sobre el control que parece un ataúd y me explica que de momento es único en Palestina, pero que probablemente pondrán más. Dice que dentro de la cabina hay unas radiaciones eléctricas que son malísimas para la gente en general, pero para los fetos son especialmente peligrosas. Hay muchas mujeres palestinas embarazadas y todos están preocupados, pero por supuesto esto no es preocupación para las autoridades israelíes. A veces las mujeres embarazadas piden que les dejen pasar por fuera del control-ataúd para no dañar a sus niños pero depende del humor del soldado de turno.

En la calle, al final de una cuesta arriba empinada, al lado del portal de la casa donde nos quedamos, hay dos "posiciones", o garitas, una a cada lado de la calle, cada una con uno o dos soldados. Y algo más lejos, hacia la izquierda según se mira hacia el asentamiento ilegal de arriba, otros dos. Y justo al otro lado, más allá, está el asentamiento de arriba, que en realidad son unas diez casas prefabricadas puestas en medio de una calle que algún acuerdo internacional había establecido, ya antes de su construcción, que debería ser una carretera de acceso para los palestinos de la vecindad. Ahora ese asentamiento ilegal bloquea la calle y sólo se puede pasar por una orilla de barro, que también está bloqueada por un alambre de espino que sólo pueden abrir los soldados. K. me explica que no podemos ni acercarnos ahí a no ser para quejarnos a los soldados cuando no les dejen a los palestinos pasar por la orilla de barro.

K. se alegra de que me vaya a quedar aquí una semana. Me explica que los peores días son los sábados, el día de fiesta judío. Los colonos se ensañan especialmente con los palestinos en sábado.

La calle en la que me he encontrado con D. es una calle muy de paso, lo mismo para los niños y maestros, para ir a la escuela, como para los colonos, para ir de un asentamiento ilegal al otro y visitarse. Entre semana los colonos israelíes van en coche, y van como locos, como dice D. Pareciera que quisieran matar a todo ser humano andante. Puesto que en la opinión de los colonos los palestinos no tienen ningún derecho a la vida, no hay razón para aminorar la velocidad si ven a uno de ellos cruzando la calle.

Los palestinos tienen prohibido ir en vehículo en estas calles. Los colonos israelíes también van andando los sábados, lo que es más peligroso aún porque una simple mirada puede enfurecerles, y llevan armas de fuego. Al menos cuando conducen van demasiado rápido para tirar a dar y acertar.

Dejo mis cosas donde parece que voy a dormir esta noche y ayudo en la "patrulla", que simplemente consiste en caminar con los niños al salir de la escuela. Casi todas son niñas, porque antes esta escuela era sólo de niñas. Cuando los niños salen de la escuela seguimos "patrullando" hasta que anochece, y luego ya volvemos a casa, cocinamos y cenamos.

Me hablan de las "mujeres de negro" y las "mujeres de verde". Las Mujeres de Negro (Women In Black) empezaron como pequeñas acciones de apoyo en "checkpoints", controles militares, en los que se retiene a palestinos durante horas antes de que puedan seguir sus viajes. Estas mujeres van y hablan con los palestinos en la cola, y les ofrecen té, igual algo de comida también. Como respuesta han aparecido las Mujeres de Verde (Women In Green), para apoyar a los soldados israelíes, ofreciéndoles lo mismo en sus puestos a lo largo de los territorios ilegalmente ocupados.

Me invitan a que lea un informe con los "sucesos" más importantes en los últimos meses. Esto es un pequeño extracto traducido de este informe:

"Un grupo de "Women In Black" internacionales (es decir extranjeras) vino a Tel Rumeida con un pequeño grupo de palestinos. El grupo estaba cerca de uno de los asentamientos cuando fueron apedreados por un grupo de colonos, que utilizaron piedras y patatas. Miembros de "Christian Peacemaker Teams" (Equipos de Pacificadores Cristianos) (otros extranjeros) fueron testigos de la violencia desde la escuela de Qurtaba.

"Uno de los testigos palestinos preguntó a los soldados que observaban la violencia si iban a hacer algo, a lo cual contestaron, 'no son judíos', implicando que la seguridad de los internacionales no era de su incumbencia.

"A las 3:00 de la tarde, unos niños [palestinos] nos alertaron de que unos niños colonos estaban apedreando a unos palestinos desde lo alto de la colina. Cuando nosotros (miembros de ISM, de CPT, y del Proyecto de Tel Rumeida) llegamos, vimos a los cinco niños colonos, de cinco a quince años, dentro de la estación del capitán protegida por una red. Tal comportamiento tan obviamente tendencioso es ilegal y es un ejemplo claro del tipo de obstáculos que los palestinos tienen que superar al intentar defender sus derechos.

"Nos dispusimos a esperar en lo alto de la colina y poco después, los niños colonos comenzaron a lanzar piedras en nuestra dirección, alcanzando a una chica local palestina de 14 años. Pasamos los siguientes 10 minutos discutiendo con los soldados para que hicieran algo mientras los niños colonos nos provocaban a nosotros y a los palestinos que estaban presentes. Finalmente, un soldado "reprendió" al que había tirado la piedra durante cinco segundos, lo dejó nuevamente dentro de su estación, y luego nos echó a nosotros y a los palestinos del área. Todos fuimos a lo alto de la colina y esperamos la llegada de la policía.

"Cinco minutos más tarde, dos de los niños colonos salieron de la estación del soldado y caminaron cuesta arriba hacia el asentamiento. En su camino, continuaron lanzándonos piedras. Los soldados apostados junto al asentamiento no respondieron, así que fuimos otra vez a decirles que algo se debía hacer sobre la violencia de los colonos. Un capitán apareció inmediatamente, diciéndonos que el área era una zona militar cerrada y que nos fuéramos. Durante la discusión subsiguiente, los niños colonos continuaron lanzándonos piedras, nos provocaron, e intentaron tomar nuestras cámaras fotográficas. Una piedra golpeó en el brazo a uno de los niños palestinos, que identificó al que la había tirado, un chico de unos 14 años de edad.

"La policía llegó más de 40 minutos después de que llamarles, aunque están estacionados a menos de 2 kilómetros. Dijeron que no podrían arrestar a ninguna persona menor de 12 años y que con estos menores, su único recurso es hablar con los padres sobre el comportamiento de sus hijos.

"Cuando dos miembros del Proyecto de TR (Tel Rumeida) se iban, uno de los soldados que estaba de servicio alternativamente nos llamó 'dirty pussies' (sucios maricones), hizo una broma sobre su pene, y gritó, 'tenéis grandes tetas'.

"A las 7:30 de la tarde, niños palestinos denunciaron que dos bicis y tres carretas les fueron robadas por niños colonos. Aunque los soldados estaban presentes y observando el incidente, no hicieron nada. De hecho, uno de los niños denunció que un soldado - el mismo soldado que había permitido que los niños colonos entraran en su estación previamente esa tarde - solamente respondió cuando el niño palestino intentó evitar que el colono le robara su carreta. En esto, el soldado agarró al niño palestino por el cuello, permitiendo que el colono le robara el carro.

"Cuando llegamos, los chicos palestinos estaban sentados en la calle esperando a que llegara la policía. Mientras esperaban llegó una mujer colona. La reconocimos como Miriam Levinger, la co-fundadora de Kiryat Arba, el primer asentamiento en la Franja Oeste [Cisjordania]. Las primeras palabras que salieron de su boca fueron, '¿Negáis que soy descendiente de Abraham?' La conversación continuó en la misma linea, con Miriam gritándonos, llamándonos antisemitas, y hablando de terrorismo musulmán. El encuentro terminó con Miriam gritando en árabe, '¡Tu padre es un burro, tu eres un burro, tu madre es una burra...!'

"La policía finalmente llegó más de 30 minutos después de que llegáramos nosotros y dijeron a los niños que estuvieran en la calle a la mañana siguiente a las 8:30 y les devolverían sus bicis y carretas.

"Un líder de la comunidad fue con la policía a poner una queja y esperó más de cinco horas en la comisaría de policía.

"[Al dia siguiente]

"La policía no estuvo en la calle según lo prometido.

"Un líder de la comunidad [y tres internacionales] fueron a la comisaría de policía de Kiryat Arba con cuatro de los chicos a los que les habían robado sus carretas y bicis. Los chicos tenían entre 11 y 14 años. Aunque los niños tenían una cita a las 2 de la tarde con un investigador nombrado Amitay,

esperamos fuera de la puerta trasera más de una hora. Todos hicimos numerosas llamadas telefónicas al compuesto policial, usando el teléfono en la puerta trasera y el número de teléfono principal del policía. La policía dentro del compuesto prometió abrir la puerta, colgó el teléfono, rehusó contestar, grito, rió, y nos provocó, alternativamente.

"Finalmente, Amitay llegó a las 3:15 y no dejó a los internacionales pasar adentro. Después de discutir, convino que uno podría acompañar a los chicos. Sin embargo, rehusó dejar a los cuatro chicos entrar. A los tres a los que habían robado sus carretas les permitió entrar, pero al chico al que le habían robado la bici no le permitió entrar. Yo entré con los chicos.

"Una vez dentro, Amitay explicó que había llegado tarde porque había ido a Tel Rumeida a tomar declaración a varios soldados referente al robo y mientras estaba allí, los colonos pincharon los neumáticos de su vehículo policial. Éste es el segundo incidente en que residentes de Tel Rumeida atacan vehículos policía en menos de una semana.

"Los muchachos comenzaron a prestar declaración a las 3:45. Amitay rehusó tomar las fotografías de uno de los colonos que estuvo implicado en el robo y no permitió que los muchachos identificaran a los colonos con ayuda de fotos de la policía. También gritó a los chicos y les hizo esperar más de cinco minutos mientras fingía coger la llave y en lugar de eso charló con sus amigos. Cuando entré en la sala y me quedé parado mirándole, gritó, '¡mi primer error fue dejarte entrar aquí!' Le dije que cogiera la llave y nos dejara salir.

"El acontecimiento dejó a los chicos agotados."

Estos y más "acontecimientos" leo en el documento que me presta K. Llega un momento en que tengo que parar, incapaz de seguir tragando más humillaciones. Me quedo ahí mirando al vacío hasta que K. pregunta:

"¿Qué piensas de eso?"

No encuentro una palabra en inglés y tengo que pensar en castellano para luego traducir:

"Vomitivo."

"Sí, es una buena palabra para describirlo."

Sexto jueves - **Absorbiendo la violencia**

El barrio donde estamos en Hebrón, entre dos asentamientos ilegales israelíes, es brutalmente deprimente. Es una de esas experiencias en que piensas que vas a perder el equilibrio mental. Estamos en un barrio palestino, entre dos asentamientos llenos de colonos israelíes bastante fanáticos y temerosos. Son tan temerosos que apedrean a los palestinos como cosa rutinaria y salen a la calle con metralletas. Fig 15

La función del observador de derechos humanos internacional aquí es absorber la violencia. Literalmente. Simplemente, ponernos entre los palestinos y las piedras, pues el diálogo con estos fanáticos es absolutamente imposible. Nos gritan y nos llaman nazis, porque para ellos ayudar a los palestinos es lo mismo que apoyar a terroristas, porque para ellos todos los palestinos son terroristas, y según ellos, si ayudamos a los palestinos es porque odiamos a los judíos.

Esta es la "conversación" que hemos mantenido hoy con los colonos israelíes que se han dignado a hablarnos. Les molestan mucho nuestras cámaras, que hacen de testigos, y procuramos no enfadarles. Nos aseguramos de que los palestinos suben las escaleras frente al asentamiento sin peligro, pero siempre observando desde una distancia prudencial, intentando no provocarles con nuestra presencia. La presencia de observadores internacionales impide que los apedreamientos ocurran a diario.

Fig 15: Colono con metralleta

Sexto viernes - **Anticipando el Sabbath**

Mañana es sábado. Como parte de las prohibiciones del Sabbath de toda clase de trabajo, los judíos estrictos no conducen. Siendo como es la festividad judía semanal, es el día en que la calle se llena de colonos que van de un asentamiento ilegal al otro, con tartas en las manos y ametralladoras a las espaldas, en una especie de procesión, todos con sus pantalones negros, sus camisas blancas, sus sombreros negros, sus barbas y sus tirabuzones. Puesto que van andando, no conduciendo, por la barriada de los tan odiados palestinos, y andando se tarda mucho más que conduciendo, también tienen ese tiempo más para acosar y aterrorizar a los palestinos. Durante un día entero cada semana, los palestinos corren el riesgo de ser víctimas de israelíes armados andando por la calle.

El resultado es que los palestinos han aprendido a temer los sábados en este barrio, y hacen todo lo posible para pasar el día en cualquier otra parte o encerrados en sus casas. De hecho, todos los palestinos aquí han hecho lo que han podido para pasar el resto de sus vidas en otra parte. Los que quedan están aquí sólo porque realmente no tienen ningún otro sitio a donde ir.

En el piso internacional ya estamos desde hoy cambiando nuestros planes diarios para mañana: estaremos todos más alerta y los descansos serán más cortos. Los grupos que pueden permitírselo envían a más gente a las calles como “refuerzos”. Los grupos que no pueden, como el nuestro, simplemente harán lo posible para enviar a nadie solo a ninguna parte.

Sexto sábado - **Kristallnacht**

En términos de "peligrosidad", los niños colonos israelíes son con mucho el sector más peligroso de la población, por delante de los adultos colonos, que a su vez son más peligrosos que los soldados. La razón de esto es la impunidad penal de la que gozan los niños israelíes. Un menor de edad israelí no tiene responsabilidad penal; ni siquiera se le puede arrestar.

Estoy "de guardia" en la calle de abajo del barrio, entre el control-ataúd y las escaleras que llevan a la escuela y viviendas palestinas, cuando los niños colonos salen de la escuela-guardería que está justo al pie de las escaleras. Noto que algunos niños colonos están tirando piedras hacia las escaleras. Parece que están gritando a las escaleras y entiendo que probablemente están apedreando a algún palestino o palestina o jugando, o ambas cosas. Cuando se dan cuenta de que me estoy acercando con mi cámara cambian de objetivo. En cuanto me ven empiezan a gritar y a tirarme piedras - unas cinco piedras, del tamaño de un pulgar. Empiezo a filmarles pero al poco se acaba la cinta. Mientras me apedrean, la mujer a la que han estado apedreando hasta ahora se marcha corriendo de vuelta a su casa. Probablemente tenga que organizar a su familia para comer en alguna otra casa, si se ha quedado sin poder hacer su compra diaria. Al menos no se ha ido -muy- apedreada.

Le miro al soldado de la garita que está frente a las escaleras, que lo ha visto todo, pero ahora está hablando por teléfono. Cuando termina le pregunto:

"¿Qué vas a hacer con respecto a esto? Me están tirando piedras."

Pero ni me mira. Su única función es defender a los israelíes de los palestinos. No es su trabajo defender a las víctimas de israelíes.

No hay nadie más bajando las escaleras ni viniendo hacia ellas desde la calle, así que simplemente me voy a donde estaba.

Al final del turno D. comenta que no puede creerse que hoy haya sido un sábado, pues hoy sólo han ocurrido mi apedreamiento y otros dos. Comparado con cualquier otro sábado, hoy ha sido extremadamente tranquilo.

Le pregunto a K. sobre la inexistente iluminación callejera. Me explica que las farolas han sido destrozadas dos veces. En los acuerdos de Camp David se estableció que estos comercios palestinos debían estar abiertos para que la calle tuviese la misma vida que tiene el resto de Hebrón. Luego los colonos israelíes se cargaron las farolas en una orgía sabática de vandalismo y cuando vinieron los obreros para repararlas, los colonos les apedrearon, a ellos y a las farolas reparadas. Los trabajadores no quisieron que les siguieran apedreando, y se fueron, dejando las farolas rotas, y ahí siguen. Dice K. que prácticamente cada sábado en esta calle, es una "Kristallnacht", una Noche de Cristales Rotos, con colonos marchando por la calle y destrozando todas las propiedades palestinas que pueden. Hoy no fue uno de esos sábados y estoy agradecida.

Sexto domingo - **Tráfico de drogas**

Todos los días antes de desayunar hacemos la "ronda matutina". Bajamos a la calle y, junto a otros "observadores de derechos humanos internacionales", nos apostamos a los lados de las calles por las que pasan palestinos y que quedan más cerca de los asentamientos israelíes ilegales. Cuando los niños ya están en la escuela, otros internacionales se quedan patrullando fuera y nosotros subimos al piso y desayunamos. Después del desayuno bajamos otra vez y hacemos el turno largo, hasta que termina la escuela.

Hoy dejo esta calle cuando los niños salen de la escuela y voy cuesta arriba, más cerca del otro asentamiento ilegal israelí. Aproximadamente a mitad de camino entre los dos asentamientos que rodean este barrio palestino, hay dos "puestos" para soldados, uno a cada lado de la calle. En uno de estos puestos dos soldados tienen retenido a un chico, sin más. Le piden su tarjeta de identidad y les veo como jugando con ella, pasándosela de uno a otro.

Nuestra norma es acercarnos a los diez minutos a preguntar por la razón de la retención. Primero se acerca un chico palestino al que no hacen ni caso. En el instante en que me acerco yo, la escena cambia. Uno de los soldados se lleva al chico que estaban reteniendo dentro de la tienda de campaña y el otro nos entretiene al chico palestino y a mí con su conversación. Cuando le exigimos explicaciones de por qué están reteniendo al chico más de lo que el ejército estipula que se puede retener a alguien sin detenerle, el soldado que ha estado charlando con nosotros nos da la espalda.

Entonces el chico palestino que se ha acercado antes que yo me explica, en voz baja para que los soldados no le oigan:

"Los soldados le están acusando de tráfico de drogas, y le van a registrar, pero él dice que no lleva nada, y no lleva porque si llevase algo, lo habrían arrestado ya. Luego le han cogido su tarjeta de identidad, y le han dicho que si en media hora no les consigue cocaína no le van a devolver la tarjeta, y que le van a detener por no llevarla."

Le miro aterrorizada. Él se encoge de hombros y dice:

"Lo de siempre."

Mi presencia parece hacerse demasiado incómoda para los soldados y finalmente le dejan ir.

Toda la gente tiene que pasar por el control-ataúd por el que yo pasé el primer día, todos los días, todas las veces que necesitan ir al resto de la ciudad, para ir al trabajo, o para hacer la compra, o para ir a la escuela. Y volver. Por supuesto quienes pueden evitarlo lo evitan. Todo el que pudo permitírselo, huyó de aquí hace tiempo. Por eso la calle está tan desierta, solitaria, triste, silenciosa y muerta.

Nuestro día se acaba al oscurecer, cuando ya ningún palestino se atreve a salir a la calle. Cuando pasa algo, ya saben dónde encontrarnos.

R. viene a visitarnos y nos cuenta lo que le ha pasado hoy en el control militar. Llevaba su ordenador portátil. Se lo hicieron abrir. Lo abrió.

"Del todo", le dijo el soldado, haciéndole un gesto con la mano como si estuviera manipulando un destornillador.

"No tengo destornillador aquí, tengo en casa pero me lleva media hora llegar hasta allí", le contestó R.

El soldado israelí se encogió de hombros. Así que a por el destornillador se fue, por que si no, se quedaba sin portátil. Y tuvo que abrir todos los diferentes componentes. La garantía ya no le vale, pero el soldado dirá que puede considerarse con suerte de que no se lo haya quitado sin más.

SÉPTIMA SEMANA

Séptimo lunes - **Mentiras**

Mi sitio favorito desde el que patrullar es el sitio donde me encontré a D. cuando llegué. El sitio es bueno porque desde aquí vemos, al mismo tiempo, el control militar en forma de ataúd a la derecha, y parte del asentamiento ilegal israelí a la izquierda.

Estamos en una calle que usan los palestinos para ir a la escuela, que está justo encima del asentamiento colono, en el monte. La usan también palestinos que viven cerca de esa escuela, para ir al trabajo, a otras escuelas, o de compras, pues todas las tiendas de este barrio están cerradas. Y también la usan los colonos para conducir (o, los sábados, caminar) desde un asentamiento hasta el otro, y para apalear, apedrear ... y en general acosar a los palestinos y hacerles la vida imposible puesto que, en su opinión, no son mejores que animales, alimañas que han invadido ilegítimamente la tierra que les dejó Dios en herencia.

La calle está completamente abandonada porque el gobierno israelí no permite que las tiendas se abran. Los tratados internacionales firmados por, entre otros, los E.E.U.U., Israel y la Autoridad Palestina, establecen que todas estas tiendas deben

Fig 16: Colona y soldado

estar abiertas. De hecho, establecieron que debían abrirse en el plazo de seis meses desde la fecha del tratado.

D. me dice que cada seis meses desde entonces, un soldado va al extremo de la calle, junto al control-ataúd, y pone un pedazo de papel debajo de una piedra. En ese papel dice siempre, en hebreo solamente, que las tiendas seguirán cerradas otros seis meses. Así que, después de varios años de "tratado", las tiendas permanecen cerradas, y el tratado violado.

Una pareja joven, formada por una chica colona y un soldado israelí, se acerca por la calle. Van cogidos de la mano pero en cuanto nos ven se sueltan. D. me dice que el gobierno israelí siempre niega que haya conexión alguna entre colonos y soldados, y lo que acabamos de ver es un ejemplo más de esa mentira. Fig 16

Me cuenta entonces que rutinariamente ven a los colonos hablar con los soldados como si fueran familiares, y que alguna vez han visto a soldados dejar que los colonos "jueguen" con sus armas apuntando a palestinos y haciendo bromas.

Séptimo martes - **Apartheid**

Está más bien silenciosa, la calle donde estoy "de guardia". La calle normalmente está desierta, aparte de los soldados y algún que otro palestino. Las tiendas están todas cerradas. Sus puertas son todas verdes pero podridas de no usarse ni cuidarse, y casi todas ellas tienen estrellas de David pintadas, como los nazis ponían carteles en las tiendas de los judíos. Ahora son las tiendas palestinas las que tienen un signo judío en sus puertas. Fig 17

El único ruido que rompe el silencio dentro del área que está oficialmente bajo control israelí, es el de los coches de los colonos. En la zona controlada por Israel, a los palestinos no se les permite viajar en coche, o ningún otro vehículo a motor. He visto un par de bicis, pero nunca he visto a nadie intentar pasarlas por el control militar. Los israelíes sí que pueden conducir el vehículo que quieran.

Las consecuencias que estas diferencias tienen para su vida cotidiana en cuanto a derechos son absolutamente dolorosas, incluso vistas desde la comodidad de la piedra donde estoy sentada, observando. No sabemos cómo hacen sus compras los colonos porque sólo les vemos en coche o cuando pasean, pero hemos visto a palestinos llevar cargas pesadas en carretas y a pie, lentamente, a lo largo de toda la calle. Tareas en que se podría emplear fácilmente una fracción del tiempo y esfuerzo. Pero se han de hacer penosamente sólo porque quien está en el poder decide que una sección concreta de la población sólo puede desplazarse andando o en burro.

Mientras que los colonos israelíes hacen sus vidas protegidos en sus coches y/o con armas encima, a los palestinos se les tiene prohibida cualquier clase de armas y tienen que caminar entre esta gente armada.

Los niños del asentamiento ilegal israelí van a su escuela en una furgoneta que hace varios viajes al día. Los niños palestinos van y vienen andando a la escuela protegidos sólo por la presencia internacional que proporcionamos los voluntarios extranjeros, armados sólo con nuestras cámaras.

Una máquina barredora similar a las que podemos ver en ciudades europeas limpia las calles habitadas por los colonos israelíes. Como a los palestinos no se les permite conducir ningún vehículo, la calle habitada por palestinos tiene que ser barrida a pie, con una escoba. Así que allí va el barrendero palestino, con su basura en un carrito que tiene que empujar, barriendo la calle poco a poco.

El barrendero desaparece detrás de la esquina y entonces dos hombres palestinos emergen del control-ataúd. Llevan un gran saco que los soldados les hacen abrir para inspeccionarlo. Desde aquí no puedo ver el contenido pero parece muy pesado. El tipo de carga que llevarías en un coche o en una carreta al menos. Pero en ese control-ataúd no se permiten las carretas.

Cuando el soldado les deja marchar, siguen los hombres por la calle, delante de mí. Uno anda de espaldas, de cara al saco y a su amigo. Cada cuatro o cinco pasos, se paran, dejan el saco en el suelo unos segundos, y echan de nuevo a andar. Me sonríen y continúan con su saco, parando, descansando y andando, parando, descansando y andando, lentamente, hacia las escaleras al otro lado de la calle. Finalmente empiezan a subir las escaleras y ya no les veo.

Hay dos contenedores, llenos de basuras, enfrente del control militar. Un contenedor es para la basura israelí y el otro para la basura palestina. Los dos están en la calle palestina. Parece que los colonos israelíes se consideran a sí mismos demasiado puros para guardar su contenedor de basura en su calle.

Un camión enorme con matrícula israelí trae basura y la echa en el contenedor israelí. El camión lo conduce un palestino - no pueden conducir sus propios vehículos, pero pueden conducir los vehículos israelíes para proporcionar los servicios para los israelíes. El contenedor palestino no se puede llenar con un camión, puesto que los palestinos no pueden conducir vehículos a motor aquí. Así que los palestinos tienen que gestionar la basura israelí con camiones israelíes, pero la suya propia, a mano.

Fig 17: Puertas verdes

Séptimo miércoles - **"GAS THE ARABS!"**

Normalmente estoy en la calle de abajo, y me paso las horas vigilando que, en la distancia, en el asentamiento israelí, no ataquen los colonos israelíes a los niños palestinos cuando van a la escuela. Pero la escuela misma no la he visto aún.

La gente que normalmente se queda todo el día junto a la puerta de la escuela para evitar ataques me anima a que hoy los acompañe y así vea el camino que tienen que recorrer los niños para llegar, y de paso la escuela también. Voy con ellos hasta el final de la calle, el sitio donde no debemos quedarnos más de unos segundos o será visto como una provocación, y nos disponemos a subir las escaleras. Que de escaleras solo les queda el nombre. Lo que veo es más bien una cuesta agreste llena de piedras desordenadas y rotas. Hay restos de lo que debe de haber sido una barandilla, esparcidos por todas partes. Acabamos de subir esta cuesta llena de piedras rotas que se aprecia que antes eran escaleras bien esculpidas por algunas esquinas que quedan intactas, y la cuesta se convierte en sendero de tierra bordeado de árboles. Al final del sendero hay dos edificios pequeños. El de la izquierda es la escuela y el de la derecha parece en desuso y con la puerta cerrada. Hay una pintada en la puerta: "GAS THE ARABS! JDL" (Gasead a los árabes. Liga de Defensa Judía). Eso, junto a la escuela, es lo que tienen que leer los niños palestinos todos los días.

Me vuelvo a mi sitio de siempre y cuando salen los niños de la escuela voy a la parte de arriba a hacer guardia. Después de comer los niños se lo pasan bomba jugando al balón o pidiendo que les saquemos fotos. Como les saques una foto estás perdido, porque no te van a dejar en paz hasta que les hayas sacado dos a cada uno, y luego otras tantas en grupo.

Pero la mayor parte del tiempo después de clase lo pasan en la calle jugando al balón (niños; niñas veo pocas) y, salvando las distancias, me recuerdan a mi propia infancia, cuando la calle era nuestro patio de recreo. Miro a estos niños y me veo en ellos, que tienen al menos este espacio, como yo que también tuve calle, antes de que los coches la invadieran y desalojasen a los niños que siguieron a mi generación.

Le comento a A. que desde luego estos niños palestinos no están en un paraíso, y seguramente están madurando a marchas forzadas y no tendrán que esperar a hacerse demasiado mayores para entender la situación, pero, al menos ahora, están teniendo mejor infancia que los niños de las modernas ciudades de Europa, incluso que los niños de los asentamientos ilegales del lugar. A los niños colonos nunca les veo en la calle jugando, sólo tirando piedras, sólo haciendo actos de odio.

"Todos son terroristas"

Me voy un momento dejando a los niños jugando a fútbol, y cuando vuelvo, sólo unos minutos mas tarde, me los encuentro sentados en las escaleras junto a la única tienda abierta del barrio, porque los soldados les han robado el balón.

Cuando les pregunto a los soldados por qué, me miran y se callan. Tienen el poder y punto. No tienen absolutamente ninguna obligación de hablarme. Otro internacional se acerca y me dice que no es la primera vez que roban el balón de los chicos. Les pregunta por qué insisten en hacer a estos niños la vida imposible. Uno de los soldados dice:

"Porque son todos unos terroristas."

Mi compañera trata de razonar con ellos, diciendo que sólo son niños. El soldado masculla y le oímos:

"Bueno, si no lo son, sus hermanos lo son."

No me puedo creer lo que oigo y le pido que lo repita, pero se queda callado.

Les pregunto a los niños los detalles de lo que ha pasado y uno, mayor que los demás, quiere impedirles que hablen conmigo porque no hablo árabe (pillo esa palabra). Pero los demás le encaran, le callan y me responden.

Me cuentan que uno de los soldados simplemente agarró el balón, y que esto no es ni mucho menos infrecuente, aunque no hay ninguna norma que les prohíba jugar. Me dicen que algunos soldados no dicen ni hacen nada cuando juegan; depende de qué soldado esté de turno, cada uno actúa de forma diferente, incluso cada día los mismos soldados actúan diferente. Uno de los niños dice que algunas veces, los soldados hasta juegan con ellos.

Supongo que eso es lo que haces cuando tienes poder absoluto sobre gente que no tiene ninguna autoridad a la que quejarse, que está desamparada.

Los niños se quedan junto a la tienda hasta que se hace de noche, cuando todos van a casa con sus familias. Ya de noche me entero de que los soldados les han devuelto el balón con la condición de que no jueguen más con él.

Séptimo jueves - **La colona israelí**

Hoy estoy en la parte de arriba del barrio. Una mujer mayor de uno de los asentamientos ilegales viene subiendo la cuesta chillando a todo el que se encuentra por el camino.

Me dicen que tenga cuidado con ella, aunque no suele ser violenta físicamente. Parece que es de los que no conciben que se permita vivir a personas que no son judías en estas tierras, y por tanto es necesario hacerlos desaparecer. Quizás sea de los que se sienten frustrados porque no pueden hacer con los árabes lo mismo que los nazis hicieron con los judíos sin más.

Una de nosotras, C., está bajando la cuesta cuando la mujer se para para chillarle. Después de unos minutos de escucharla, C. sigue andando cuesta abajo a la calle de abajo.

Sin dejar de gritar, la anciana mujer se vuelve a nosotros según sube la cuesta, entonces me ve y empieza a chillarme a mí. Después de unos pasos, por fin está lo suficientemente cerca para distinguir lo que está diciendo, en inglés:

"¡Vosotros! ¡Estáis ayudando a la gente! ¡Que está destruyendo vuestra civilización! ¡Primero destruyen Irán, luego América! ¡Ahora! ¡Vuestro turno!"

Me cuenta uno de los internacionales que una vez esta mujer le llamó "alemán" con tono de insulto.

"Seguramente querría llamarme 'nazi'", me explica él, "porque para muchos judíos, es lo mismo, pero en ese momento no lo pensé, sólo le dije, 'No señora, no soy alemán, soy sueco' y me contestó: 'Seguro que tienes algún parentesco con los alemanes'."

El silencio

Hay una sensación de estar en un cementerio aquí, realmente, así está de silencioso. Los únicos sonidos que se oyen constantemente desde aquí son los muy distantes, como si vinieran de un sueño, pitidos de los coches. Si no fuera porque entré en Hebrón por esa parte de la ciudad, aún me estaría preguntando de dónde vendrían esos pitidos distantes. Imagino que los colonos se harán también esa pregunta porque, según D., no se les permite ir a la zona "árabe" de Hebrón, y de hecho nunca he visto un solo colono en la zona bonita y ruidosa.

Todas las noches me acuesto rogando que el día siguiente sea al menos tan ausente de violencia como el que acaba, aún oyendo los pitidos de los coches en la lejanía, como si fuera ya un sueño, y recordando cómo es de bonita la ciudad al otro lado del control-ataúd. El ruido de la parte agradable de la ciudad se siente muy, muy lejano en medio de este silencio de opresión y ahogo, y duermo intentando imaginar lo que estos colonos sentirían si pudieran comprobar lo hermosa, multicolor y alegre que la vida puede llegar a ser sin ellos.

Séptimo viernes - **El burro**

Hoy D. y yo patrullamos la calle de abajo juntos, entre las escaleras y el control-ataúd. Desde aquí vemos a un hombre que viene en burro a la parte controlada por Israel desde la parte de Hebrón que aún se siente viva. Ya le he visto antes, pero me sorprende verle pasar por el control-ataúd otra vez, porque encuentro su tratamiento verdaderamente humillante. Me dice D. que hace este recorrido todos los días, y que todos los días le hacen pasar por el mismo proceso.

Me acerco al control para sacar en vídeo la "operación" entera. Antes de entrar en el ataúd, tiene que bajarse del burro y descargarlo, saco por saco, en total unos diez sacos que parecen bastante pesados. Luego tiene que enseñar los contenidos de cada saco a los soldados. Luego tiene que llevar cada saco al otro lado del ataúd a cuestas. Después de esto, vuelve al otro lado y trae el burro. Luego vuelve a poner saco por saco encima del burro, como estaban, y finalmente se monta encima de todos los sacos para seguir su camino. La operación ha durado unos diez o quince minutos.

Se da cuenta de mi presencia mientras sube la cuesta montado en el burro, o quizás ha notado que estaba grabando todo el tiempo. Me mira y me sonríe, y le doy las gracias porque parece que no le ha parecido mal que le haya grabado, aunque no le he pedido permiso. Él también me dice "gracias". Yo le respondo "gracias a TI", pero no parece entender y me da las gracias otra vez. Finalmente se va.

A media tarde J. emerge del control-ataúd. No le había visto desde la manifestación de Bi'Lin, cuando me recomendó que viniera aquí.

Después de ponernos al día de nuestras últimas actividades y aventuras, J. nos cuenta sus dudas sobre qué hacer ahora. Su idea al hacer este viaje era ir a Egipto después de salir de Palestina y antes de volver a su país, porque desde niño ha sido su ilusión ver las pirámides. Pero ahora que está aquí, y aun sabiendo que no va a tener oportunidad de volver a Medio Oriente, está pensando no ir, y quedarse en Jerusalén, a pasar lo que él llama "tiempo de calidad" con sus amigos; no quiere viajar por territorio "normal" israelí y patearse él solo el desierto de Egipto después de esta experiencia casi traumática en Palestina, como si nunca hubiera pasado, como si ahora pudiera andar por ahí como un turista normal.

Y al mismo tiempo está preocupado porque quizás cuando llegue a casa se arrepentirá de haber desperdiciado su única oportunidad de ver las pirámides que tanto ha querido ver toda su vida.

Convenimos más o menos en que lo ideal suele ser atender a los propios sentimientos y hacer en la medida de lo posible lo que a uno le apetezca, y que probablemente no tendría mucho sentido hacer ese viaje a Egipto y arriesgarse a estar amargado pensando lo bien que estaría en Jerusalén con su gente.

De momento J. sólo ha venido de paso, de camino a Kawawis. Estará allí solo durante dos o tres días porque no hay nada para poder lavarse allí, y luego volverá a Jerusalén. Me recomienda que vaya yo a Kawawis también.

Séptimo sábado - **"Asqueroso pedazo de mierda"**

Para hoy hay una "visita" programada de las "Mujeres De Verde" (WIG, por "Women In Green"). No sucede todos los sábados pero vienen con bastante regularidad. La gente que ha estado en Hebrón durante meses se ha familiarizado con sus acciones.

K. y D. explican lo que suelen hacer las WIG y lo que otros observadores de derechos humanos, gente como nosotros, han hecho en respuesta en pasadas ocasiones. Normalmente las WIG van en procesión desde Tel Rumeida, el asentamiento en la parte de arriba de la colina, hacia el otro asentamiento, el que queda abajo, justo debajo de la escuela, donde diariamente vigilamos que los niños colonos no tiren (demasiadas) piedras a las niñas y madres palestinas. Intentan programar esta "marcha" para llegar al pie de las escaleras justo cuando los niños palestinos salen de la escuela, y simplemente les gritan alaridos e insultos.

En previas ocasiones, los internacionales han intentado "escoltarles" en esta marcha sin provocarles, aunque es bastante difícil puesto que nuestra mera presencia es una provocación, así que también deberíamos prepararnos para recibir algún abuso verbal.

Una vez que llegan a la parte de abajo de las escaleras encarando a los niños que bajan, los internacionales nos pondremos entre las Mujeres de Verde y los niños. Es importante que no demos la cara a los niños, sino a las mujeres. Esto es para evitar intimidar a los niños aún más, y porque ellas son la causa de esta situación violenta y en ellas hay que centrarse, no en los niños.

Con estas instrucciones salimos a la calle esperando al menos alguna situación desagradable.

Nos encontramos a las WIG en el control-ataúd, desde donde se puede ir o bien hacia el asentamiento de abajo (o, en mi caso, a mi "puesto de vigilancia") o subiendo la calle hacia el otro asentamiento.

En el control militar hay un niño al que le están reteniendo y uno de los internacionales pregunta por qué. Como de costumbre, no hay respuesta del soldado. Pero hay otro soldado que parece de rango mayor que el primero y le pregunta al internacional, una mujer francesa, cuál es su problema. Ella empieza:

"Este soldado está reteniendo a este niño..."

En ese momento una de las mujeres de verde se echa a reír:

"¡Le está diciendo que el soldado está reteniendo a 'eso'! ¡Como si le importara!"

Empiezo a subir la cuesta con las Mujeres de Verde (WIG) y nos alcanzan las primeras niñas que salen de la escuela. Nos situamos entre las WIG y las niñas. Todas las Mujeres nos sacan fotos, algunas con teléfonos móviles, otras con cámaras desechables. También hay dos hombres con ellas. Ellos no tienen cámaras; sólo caminan y nos miran con asco. Casi todas las que tienen cámaras ya me han sacado al menos una foto para cuando llegamos a la mitad de la cuesta. Le saco yo una foto a una de ellas, y uno de los hombres me dice:

"Don't you have anything better to do, you scummy piece of shit?" ("¿No tienes nada mejor que hacer, asqueroso pedazo de mierda?")

Le miro y le veo una pistola en el cinturón. Según subimos me sitúo entre este grupo y los niños que también están subiendo la cuesta, para protegerles.

Continúan subiendo la última cuesta hasta el asentamiento y, cuando entran en él, les dejamos. Ya no son asunto nuestro. La mayoría de las alumnas de la escuela también están ya "seguras" en calles palestinas habitadas.

Pero justo a mi izquierda está el camino de barro por donde a la gente palestina no se le permite pasar para ir a sus casas, y eso que hay un acuerdo internacional y una sentencia judicial israelí que dice que tienen derecho a ello. Una niña palestina está parada ahí esperando que los soldados abran un poco del alambre de espinos que bloquea el sendero. Un soldado está parado ahí negándose a abrirlo. Dos internacionales están intentando razonar con el soldado, que suele ser bastante inútil, pero hoy parece especialmente frustrante. La niña abandona y empieza a bajar la cuesta, dispuesta a hacer todo el camino rodeando las colinas del barrio, que le llevará sus buenos veinte minutos, para ir a una casa que se ve desde aquí.

Yo empiezo a tomar fotos del camino y del alambre de espino. Acabo y empezamos todos a bajar la cuesta, pero un soldado empieza a empujar a M. hacia abajo, diciendo que nos tenemos que marchar. M. se cae encima de mí y el impulso me tira hacia adelante. Grito y pregunto por qué. El soldado sólo dice:

"Os tenéis que ir." Repito:

"Por qué."

S. también pregunta por qué pero no recibimos ninguna respuesta, solamente nos empujan con violencia cuesta abajo.

Entonces uso el móvil para llamar a D. y contarle la situación. Él pregunta si a la niña le han dejado pasar por el camino del alambre y le digo que ha desistido, así que me dice que deberíamos bajar. Bajamos pero los soldados nos siguen empujando con violencia.

Intento filmarles mientras nos empujan, y en un momento dado, uno de los soldados me agarra la cámara y tira para robármela. Me dejo llevar por el pánico y me pongo a gritar. Tengo la tira de la cámara atada a la muñeca así que la cámara no se suelta. Él tampoco la suelta, y sigue tirando y yo grito, y grito, mientras me doblo hacia el suelo, esperando que esto evite que me quite la cámara y me arreste. Forcejeamos durante unos segundos y él dobla mis gafas con su cuerpo, luego mis gafas vuelan y las pierdo de vista. Me suelta la cámara pero yo sigo gritando, preguntando por mis gafas, con pánico de no encontrarlas. De pronto las veo bajo mi pie - completamente inutilizables.

Una de las mujeres de verde viene hacia mí y, riéndose, grita:

"Bonito espectáculo has dado, eres buena para el teatro", y otras frases "graciosas", quizás insultos, pero ahora mismo ella es la última de mis preocupaciones y, además, no la puedo ver bien sin mis gafas, sólo puedo ver su silueta.

Mirándome las gafas, tratando de ver si tienen arreglo, bajamos la cuesta, de nuevo empujados por los soldados. Desde lejos, S. ha filmado toda la escena. Según bajamos la cuesta, otro soldado rápidamente intenta agarrar mi cámara pero yo soy más rápida y ni la toca. Entonces veo cómo un soldado empuja a S. de un lado a otro: algunos soldados también están intentando agarrar su cámara. Yo comienzo a grabar otra vez. Otro soldado se pone justo delante de mí y durante unos pocos segundos jugamos al gato y al ratón, yo intentando filmar al soldado que está empujando a S., y este soldado tratando de bloquear mi visión. Mirando a S. y a este soldado por turnos, ni siquiera puedo ver qué estoy grabando. Los soldados han tirado a S. al suelo y ahí está, tumbado en el suelo, boca abajo, levantando la cara intentando mirarme, y me parece que le están arrestando. Entre que no veo bien sin las gafas y que el soldado está jugando delante de mí, sólo acierto a ver - malamente - el momento en el que le levantan y se lo llevan - o eso creo.

Normalmente son S. o D. quienes llaman al IDF (Israeli Defence Forces), y el resto de nosotros les dejamos que se hagan cargo de la situación. Pero ahora a S. le están arrestando y D. no está aquí (¿dónde está?). Le llamo para decirle que a S. le han arrestado y, en ese mismo momento, S. aparece doblando la esquina, así que cuelgo. Entonces no han arrestado a S., pero ya no tiene su cámara. Los soldados se la han robado. Yo aún sigo temblando de la confrontación, y sigo mirando mis gafas rotas. Algunos palestinos han salido de sus casas, probablemente alertados por el ruido, tan inusual.

Tratamos de reagruparnos pero mientras tanto los soldados se han acercado en formación y ya nos han rodeado. De repente ocho o nueve soldados se acercan a mí y me rodean. De pronto ya no veo a mis amigos. Todo lo que veo a mi alrededor son uniformes militares verdes que los llevan hombres grandes con caras de pocos amigos:

"Dame la cámara."

"No."

"¿No quieres darme la cámara?"

"Por qué tengo que hacerlo."

De pronto un montón de manos agarran las mías y me abren los brazos. Dos soldados me agarran la mano izquierda, donde solo tengo las gafas, rotas. El resto de los soldados, unos seis o siete, se concentran en mi mano derecha, donde tengo la cámara. Yo grito con todas mis fuerzas. Mi cuerpo se dobla hacia abajo y yo grito y grito, y pienso: "Ya está, me arrestan, me deportan, y no me dejan volver nunca más a Palestina, hasta aquí hemos llegado, se acabó".

Sigo gritando y aún tengo la cámara atada a la muñeca así que no se suelta. Los soldados me tuercen la muñeca y los dedos, tanto como pueden, y tiran de la cámara intentando arrancar la tira con que la tengo sujeta, pero lo único que consiguen arrancarme es la piel de la mano. Grito y grito temiendo que me partan alguna parte del cuerpo o que me arresten. Mientras grito con la boca abierta, noto que uno de sus brazos se presiona fuertemente contra mi boca - qué fácil simplemente morder este brazo. Pero entiendo que es una provocación, porque si muerdo a un soldado entonces ya tendrán una razón para arrestarme: "Asalto a un soldado". Pero no parece que vayan a arrestarme, porque ya me habrían arrastrado a su vehículo, y no están haciendo eso, sólo se están esforzando por conseguir mi cámara. Total, sigo gritando, es lo único que me siento capaz de hacer dadas las circunstancias.

Finalmente me doy cuenta de que sólo soy una y no puedo hacer nada contra ocho o nueve soldados, así que tengo que soltar la cámara, y al menos evitar que me desgarren la piel de toda la mano, ya que evitar que me roben la cámara está claro que no voy a poder.

Cuando los soldados por fin consiguen la cámara me dejan ahí, temblando violentamente. Una mujer palestina me toca el hombro y me muestra un vaso de agua que tiene en la mano. Entonces literalmente me lo vacía en la boca - viva la falta de comunicación. Bebo un poco y digo "shukran" pero ella insiste en que beba más, y así lo hago. Después de beber el agua sigo temblando, aunque no tan violentamente. Entonces miro a mi alrededor y veo que la calle está llena de gente mirando hacia el grupo donde yo estoy, que es bastante grande ahora. Alrededor de nosotros, más cerca, hay gente con insignias que muestran sus nombres, otros con chalecos de EAPPI. Son israelíes e internacionales de diferentes organizaciones de derechos humanos que han salido a la calle alertados por mis gritos.

Entonces veo a D. y resulta que a él también le han robado su cámara. Subimos al piso y rebobinamos. Tres cámaras robadas. Con mis gritos he alarmado a todo el vecindario y todos, incluyendo palestinos, internacionales de otros grupos y activistas israelíes, han salido a la calle. A. y D. piensan que ha sido buena cosa que alertara al vecindario. Algunos israelíes se han enfrentado con los soldados, luego se les ha detenido y alguien ha llamado a la policía.

Ahora la policía fronteriza ha llegado a la calle y los oficiales están enfadados por esas detenciones. Algunos de los otros activistas piensan que deberíamos denunciar los robos a la policía pero S. y D. dicen que saben por experiencia que si hablamos con la policía, nos arrestarán:

"Siempre pasa cuando la policía israelí interviene en conflictos entre los soldados y nosotros. Si vamos a la policía para denunciar esto o para pedir que nos devuelvan las cámaras, nos detendrán."

Aún así, algunos consideran la posibilidad de hablar con ellos y denunciar el robo, puesto que es un acto ilegal - los soldados pueden retenernos, facilitar que la policía nos arreste, pero nunca quitarnos nuestras propiedades. En teoría se les debería "caer el pelo" por esto. Pero la gente que ha estado aquí más tiempo sabe que, si intentamos hablar con la policía, nos arrestarán y probablemente nos deportarán. Y sabemos que cualquiera que haya sido arrestado o deportado nunca tendrá permitida la entrada en Israel otra vez, y, por extensión, en virtud de su ocupación ilegal, tampoco en Palestina.

Los que están planeando permanecer en Palestina algunos meses más piensan que, si alguno de nosotros va a ir a la comisaría de policía, debería ser alguien que esté planeando irse a casa dentro de poco, y no ellos. La lógica es que, si les deportan, pierden los meses que tenían disponibles, para pasarlos en la cárcel esperando la deportación o en su casa ya deportados, pero si ya estamos planeando ir a casa pronto de todos modos, pues tanto no perdemos.

Pero algunos de los que se van a quedar poco tiempo piensan que debería ser alguien que haya sido arrestado ya quien debería ir, puesto que ya no les van a dejar entrar más en el país de todos modos, porque ya les han arrestado una vez. El criterio para esto no son los meses que alguien está planeando permanecer, sino las veces que algunos estamos planeando volver.

Al final nadie va. Todos queremos quedarnos aquí tanto tiempo como podamos y todos queremos volver.

N. llama al IDF varias veces y finalmente la mujer que se pone al teléfono dice que nos devolverán las cámaras en unos minutos. Pasa una hora y las cámaras están todavía robadas. Más llamadas.

Aún temblando e intentando arreglarme las gafas, pregunto a M. y a C. dónde estaban mientras yo peleaba con los soldados.

"Estábamos justo a tu lado, pero justo antes de que te cogieran todos a la vez, ha venido otro, mucho más grande, y nos ha cogido a los dos a la vez, de la ropa, así", y levanta los puños, extendiendo los brazos, "y nos ha levantado del suelo, y así nos ha tenido hasta que te han quitado la cámara."

M. me dice que él también ha tenido que pelear con otro soldado que quería robarle la cámara. Sin embargo después de sólo el primer intento se ha dado cuenta de que lo intentaría otra vez y ha cambiado la cinta.

Una hora después aún sigo temblando. No puedo evitar sentirme culpable y completamente inútil y tonta:

"¿Cómo he podido ser tan estúpida? ¿No vi que no pararían hasta que consiguieran mi cámara? ¿Por qué no se me ocurrió subir corriendo al piso lo más rápidamente posible y esconder la cinta, la cámara?"

Pensándolo bien:

"Bueno, quizá eso habría sido peor, quizá entonces los soldados habrían atacado el piso buscándola."

"No, eso no es probable."

S. me cuenta de que ésta es la segunda cámara que tiene aquí. La otra se la hizo añicos un colono que se enfureció porque S. le había sacado una foto mientras apaleaba a un palestino en la calle. Pero el hecho de que lo que me ha pasado no es en absoluto extraordinario, sino bastante rutinario, no es ningún consuelo, y no me hace sentirme menos idiota. Me tapo la cara con las manos.

"No te atormentes. Intenta relajarte", me dice.

Dos horas después de que nos hayan robado una cámara de fotos y dos de vídeo nos llaman para decirnos que están "disponibles". Si las queremos, tenemos que ir nosotros al puesto de soldados a por ellas, a recogerlas de manos de los mismos soldados que nos las han robado. Pasará algún tiempo antes de que tenga estómago para acercarme a un soldado, así que pido que vaya otro.

A. se ofrece. Desde una de las ventanas le vemos ir hasta la especie de tienda de campaña en la que están los soldados. Se queda ahí durante unos segundos, quizás hablando con el soldado que está dentro. Entonces vemos que sale una cámara de la tienda, y una mano que la sostiene. A. la coge. Y luego otra cámara. Y luego otra. Y luego A. viene al piso donde estamos.

Como suponíamos, nos han borrado todas las cintas. En lugar de unas tomas mediocres de burros de carga y juegos de escondite, hay unas maravillosas vistas de pantalones verdes militares, botas negras y, finalmente, un motor - verde.

También nos han vaciado las baterías completamente, por lo que las cámaras tendrán que quedarse en casa cargando el resto del día. De todas formas no me apetece salir y menos con la cámara. Aún me tiemblan las piernas contra mi voluntad y me duele todo el cuerpo. D. por su parte se entretiene filmando todo lo que puede desde la ventana de su cuarto.

Al cabo de una hora, me dice:

"¿Podrías bajar las escaleras y decirle a A. que vaya a donde el soldado? Una pandilla de niños está tirando piedras a una casa palestina."

Mientras me dice esto me acerco a la ventana; efectivamente unos cuantos críos de cinco a diez años están cogiendo unas piedras más grandes que sus cabezas, y las están lanzando contra una casa palestina que queda por debajo del jardín donde están ellos.

Bajo corriendo las escaleras, llego donde están A. y V., les señalo los niños y vamos todos a hablar con el soldado más cercano. Para cuando llegamos los niños han dejado su entretenimiento. Pero al llegar de nuevo al camino con el alambre de espinos vemos a un par de niñas palestinas esperando a que alguien retire el alambre unos centímetros para poder pasar por ahí a su casa. Sólo una quiere pasar, la otra ha venido a acompañarla hasta el soldado. Hablan con él y parecen no perder la esperanza de poder hacer el camino a su casa por donde es más corto en vez de dar una vuelta de veinte minutos.

"¿Por qué no puede pasar?"

"No tiene identificación, así que no puedo comprobar si vive aquí."

"Yo la conozco y sé que vive en esa casa que se ve ahí. "

"Nadie puede pasar."

"Sí puede, hay una orden judicial (de las autoridades de tu país, israelí) que dice que este camino debe estar abierto."

"¿Eh?"

Se lo explicamos en inglés sencillo:

"Un juez israelí, del Tribunal Supremo, ha ordenado: este camino debe estar abierto."

"No sé nada de eso, mis órdenes son 'nadie pasa', no sé lo que dices."

El soldado pone cada vez más cara de idiota. A. le dice:

"No es lo suficientemente mayor para tener identificación, y esto no debería estar cerrado de todas formas."

"Mis órdenes son no abrir, si no puedo comprobar que vive ahí."

"Yo la conozco y vive ahí."

"Ok, si dices que es demasiado joven para tener documentación de identidad, te voy a creer, que pase."

Y va y le abre el alambre de espino, desobedeciendo las órdenes que dice que tiene.

Cuando es de noche y hemos terminado "oficialmente" el "trabajo", nos ponemos a cocinar y nos damos cuenta de que nos hace falta más pasta. Voy yo a la única tienda que permanece abierta en el barrio. sólo tiene chucherías, pan, paquetes de pasta y poca cosa más, pero al menos es un sitio donde los niños pueden estar cuando, por ejemplo, a los soldados de turno les da por robarles el balón.

La tienda está ahora llena de niños. Según entro, todos me miran y se ríen, algunos gritan poniendo los brazos en cruz, imitando mis gritos y mi postura cuando los soldados me cogieron la cámara.

Sonrío y pienso: "Niños". Pasadas las bromas, algunos me dan la mano, otros simplemente bajan la cabeza, como presentándome sus respetos.

Compro la pasta y el chico que no quiso que los demás niños hablaran conmigo el otro día, se acerca a mí y me dice, en inglés: "lo siento". Le digo que todo está bien y me marcho, mientras los gritos y las risas siguen detrás de mí. Ya no me duele todo el cuerpo y sonrío.

Séptimo domingo - **Mini-kristallnachtt**

D. se va por unos días. Se va a ver a R., a la cárcel que Israel tiene justo al lado de la frontera con Egipto, en la punta sur del país, al otro lado del desierto. R. va a ser deportado por quedarse en el país mientras esperaba a su cita para renovar su visa y ayudar a las niñas de este barrio, como hacemos ahora nosotros. Yo me iré antes de que D. vuelva de visitar a R. así que intercambiamos direcciones y nos despedimos.

Me tomo unas horas libres y me decido a hacer turismo, como hice en Jerusalén.

De nuevo paso por el mismo control militar que usé cuando vine aquí, solo que en la otra dirección. El soldado que está fuera, antes de entrar en el control-ataúd, me pregunta:

"¿Por qué estás aquí?"

Me quedo unos segundos sin contestar, intentando adivinar si me lo pregunta en serio o para hacer una gracia, y para darme un poco de tiempo, le contesto:

"Porque quiero pasar al otro lado."

Me insiste, con un inglés bastante básico:

"No, por qué estás aquí, en Palestina, en Hebrón."

Sin saber aún con qué intención me pregunta, le contesto:

"Porque defiendo la vida."

"¿De verdad?", pregunta con un absoluto desinterés. Me mira y le contesto:

"Mira ese lado (le señalo al asentamiento israelí), todo es muerte, silencio. Escucha ese otro lado (le señalo la parte libre de Hebrón, al otro lado del control-ataúd): se oye vida. Vosotros traéis muerte a Palestina. Donde no hay colonos ni soldados, hay vida y alegría, donde hay israelíes, sólo hay silencio y muerte."

"Estoy de acuerdo", me dice. Ahí sí que no sé de qué va este tío. Le dejo ahí con su metralleta, y sigo mi camino.

Paso el control que más bien parece un ataúd con cristales y cuando llego al final de la calle vacía me siento verdaderamente como si saliese de una tumba donde he estado enterrada viva, y estoy de vuelta de pronto en el mundo ruidoso, cegador y colorido de los vivos. De hecho es extraño salir al resto de Hebrón y ver que ahí hay vida normal, que la forma normal de vida no tiene por qué consistir en constantes humillaciones y odio. La calle está llena de contrastes y colores - y ruido. Sobre todo, el ruido.

Es como si la ciudad a la que aún se le permite tener algo de vida dentro quisiera recordar, por medio de este ruido, a la ciudad estrangulada, que aún hay vida en esta parte, que aún hay esperanza, que la ciudad moribunda no está ni sola ni olvidada.

Giro a la derecha, hacia la mezquita, y de nuevo veo, a mi derecha, un muro alto, aburrido y sobrecogedor ("el" muro) y unas cuantas torres de vigilancia con soldados dentro. Me acuerdo entonces de que tras este muro está el asentamiento ilegal israelí cuyos habitantes tanto aterrorizan a nuestros vecinos.

Los palestinos que me cruzo por el camino parecen ignorar este muro. Parece que están acostumbrados, quizás resignados a él.

Lo que no se puede ignorar es que las calles se hacen gradualmente más silenciosas y sepulcrales, según se avanza hacia la ciudad vieja, incluso en este "lado" donde se supone que rige la autoridad palestina, aunque no haya controles militares ni soldados israelíes por las calles. Llega un momento en que "es" como al otro lado del muro también, con todas las tiendas cerradas, y con "estrellas de David" pintadas en las puertas. Me estoy acercando a la mezquita de Ibrahim y la sinagoga de Abraham.

Al final de la calle hay una especie de reja exactamente igual a la de Qalandia y otros controles militares, solo que esta es aún más pequeña y está en medio de la ciudad. Hay soldados guardándola, en este lado y en el otro. Algunos están dentro de unas cabinas desde las que accionan la puerta giratoria hecha de hierros. Sólo mirándolo desde fuera, se puede adivinar que tiene que ser realmente claustrofóbico al pasar por la puerta giratoria.

La puerta tiene tres "alas" que dejan un espacio entre ellas sólo suficiente para una persona no muy gorda, ni siquiera una persona con equipaje. A los lados hay como paredes redondas, compuestas por barras de hierros, de modo que las "alas" de la puerta se meten entre estos hierros. Si la puerta se atasca, realmente no hay rendija por donde salir, ni por los lados ni por arriba. Fig 18

Entro en la puerta y efectivamente, sólo hay suficiente espacio para mi cuerpo. No puedo extender los brazos, ni siquiera poner las manos en la cintura. Según estoy, de pie, con los brazos pegados al cuerpo y sin ninguna bolsa, ocupo todo el espacio disponible. Tengo rejas por todo alrededor de mi cuerpo excepto bajo los pies. Hay rejas incluso encima de mi cabeza. Durante los largos segundos que tarda la puerta en girar y dejarme libre de ese cubículo, paso por este espacio

Fig 18: Control dentro de la mezquita de Hebrón

diminuto y dando pasitos cortitos, de unos cinco centímetros cada uno, para evitar que los hierros me arañen los tobillos.

Detrás de mí hay unas veinte niñas vestidas con uniformes de colegio acompañadas de algunos profesores. Una vez que estoy en el otro lado, discretamente me quedo a unos metros de la puerta en cuestión para ver si a estas niñas también les hacen pasar por el mismo proceso. Y les hacen pasar.

Me quedo unos minutos más y veo lo que secretamente me estaba temiendo pero deseaba que no fuera cierto. Detrás de las niñas pasa un hombre y, cuando está en el cubículo claustrofóbico, de pronto la puerta se atasca y queda el hombre atrapado ahí unos cuantos segundos. El hombre se queda pasmado mirando los hierros que tiene alrededor, casi pegados a su cuerpo, e intentando hacer que la puerta siga girando. Al final la puerta cede y el hombre puede salir. Me quedo un poco más hasta que entran varios hombres, y observo que se lo hacen a unos cuantos hombres más, al azar.

Nadie dice nada, todo ocurre en silencio. Pero es evidente que ese atascarse de la puerta no es casualidad y está controlado por algún soldado en alguna garita. Pensando en toda la operación, me parece inútil si se "usa" para identificar terroristas, pero muy efectiva si el objetivo es una humillación más.

Saco algunas fotos y sigo mi camino hacia el templo de varias fes. Hay unos cuantos palestinos esperando a entrar, haciendo cola. Me pongo al final de la cola pero los soldados a "cargo" me indican con signos que puedo colarme.

Entro en una habitación pequeña donde hay de nuevo varios soldados con sus metralletas enormes sobre el pecho y me preguntan si soy judía, cristiana o musulmana. También me preguntan muchas más cosas y les pregunto:

"¿Por qué me están haciendo tantas preguntas?", porque es la primera vez que me hacen tantas preguntas a la vez. El soldado se pone gallito al instante y, con un ademán de mando con la mano, me salta:

"Bien. Pasaporte."

Intento desconectarme de una confrontación que resultaría demasiado familiar y me recuerdo que soy una turista extranjera que está visitando el cuarto sitio sagrado más importante para la religión islámica y el segundo para la judía. Así que aunque estoy naturalmente sorprendida por la intensidad del interrogatorio, también estoy naturalmente acostumbrada a que me pidan el pasaporte. Se lo doy al soldado, lo mira, me lo devuelve sin mediar palabra y murmuro,

"¿Y ahora qué?", esperando una respuesta como "Estás detenida", o "arrestada", o algo por el estilo. En vez de eso, me dice:

"Tienes que esperar."

Mira a otro soldado en una pequeña oficina separada de donde estamos por unas puertas como de cristal. Ese soldado está al teléfono. Miro a otro lado, a las paredes, como disfrutando ya del edificio que voy a visitar, y en un momento dado el primer soldado dice:

"Puedes pasar."

Me señala una puerta por la que paso a un pasillo estrecho y claustrofóbico. Al principio de este pasillo hay una puerta a un lado, con caracteres hebreos pintados, y una pequeña ventana que permite ver lo que hay al otro lado de ella. Veo un hombre con sombrero negro, gafas y tirabuzones a ambos lados de la cara, que me mira con cara de pocos amigos. Sigo andando por el pasillo y me doy cuenta de que no me van a dejar visitar la parte judía del edificio.

El pasillo termina en una sala grandísima donde hay dos palestinos que me miran sonriendo. Se me acerca un tercero también sonriendo haciéndome gestos de que pase. Sin embargo a donde señala para que vaya no es la siguiente puerta, como habría esperado, sino un armario junto a esa puerta. Lo abre y veo un montón de capas colgadas de unos ganchos, todas con capucha, de tallas muy parecidas, y todas del mismo color marrón muy oscuro.

Agarra una de las capas y me ayuda a ponérmela. Me siento como si de repente estuviera en una cueva, solo que realmente pequeña, con las paredes hechas de una tela suave que se pega al cuerpo, pero una cueva al fin y al cabo. También se me invita a dejar los zapatos en un rincón habilitado al efecto. Descalza, entro por la puerta que me indican ahora los hombres sentados.

La sala en la que entro es ya una sala dedicada a rezos. Se divide en dos especies de "secciones". Una parece un pasillo ancho que va desde la puerta desde la que he entrado hasta otra puerta al fondo, al otro lado del pasillo, frente a mí. A la derecha del pasillo está la pared, y a la izquierda se extiende una sección mucho más amplia que está cubierta por lo que parece una alfombra gruesa, o quizás varias capas de alfombras, formando un piso elevado con respecto del pasillo sin alfombra. La parte alfombrada es la parte principal de la habitación y tiene muchas columnas; la de piedra más bien es sólo un pasillo entre las dos puertas y no tiene una sola columna. No hay un solo mueble, ni bancos ni sillas donde sentarse.

La atmósfera es de mucho recogimiento, y tener la cabeza cubierta con esta capucha marrón, viendo todo a través de la apertura que permite la capucha, contribuye a este sentimiento de pequeñez y recogimiento. Sólo veo hombres, todos en actitud de meditación, arrodillados o sentados en el suelo, aunque con ropa de calle.

Me pasa por la cabeza la pregunta de por qué se tendría como inapropiado ayudar también a los hombres a tener este sentimiento con una capa con capucha, aunque la verdad es que personalmente no me siento incómoda con ella. Me siento privilegiada al poder visitar un templo de una fe a la que en principio no pertenezco.

Me arrodillo en la escalera que forma la diferencia de altura entre las dos secciones y me viene a la cabeza lo que ha ido pasando en las pasadas semanas, sobre todo la última, y acabo reflexionando que a lo largo de la Historia, tantos de los mayores crímenes de la Humanidad se siguen cometiendo "en Nombre de Dios".

La capucha se empeña en caerse de mi cabeza y acabo no preocupándome por ello. Se cae otra vez a mi espalda pero esta vez no la pongo de vuelta sobre mi cabeza. Nadie parece que lo haya notado; nadie dice nada.

Finalmente salgo de la zona alfombrada, devuelvo la capa, me pongo los zapatos y salgo de nuevo a la calle.

Una vez fuera, la cola de espera que he visto antes es ahora más corta, pero unos cuantos chicos están aún aquí, esperando desde que yo he saltado la cola. Les pregunto si están detenidos y me dice uno que no, pero añade que llevan intentando entrar en la mezquita dos horas y no les dejan entrar. Le pregunto al soldado israelí y me contesta sin querer contestar que está esperando algún tipo de confirmación de alguna parte. Les deseo suerte y prosigo hacia la calle, pero parece que se han cansado de esperar y se vienen conmigo. Me doy cuenta de que hablan entre ellos por signos. El que me habla me cuenta que son chicos sordomudos y él es el monitor. Hoy habían querido ir a la mezquita juntos pero no les han dejado entrar. Otra humillación.

K. me llama por teléfono para pedirme que vuelva a casa en cuanto pueda porque ha sucedido una “mini-kristallnachtt”. Voy con K. la casa de un vecino a sacar fotos de los estropicios que le han hecho algunos colonos durante mi ausencia. Después de oír ruido de cristales rotos, se han encontrado con todos los cristales de las ventanas rotos y con trozos de cristales por todo el suelo. Los vándalos se han dejado la barra de hierro con la que han roto todas las ventanas de la casa.

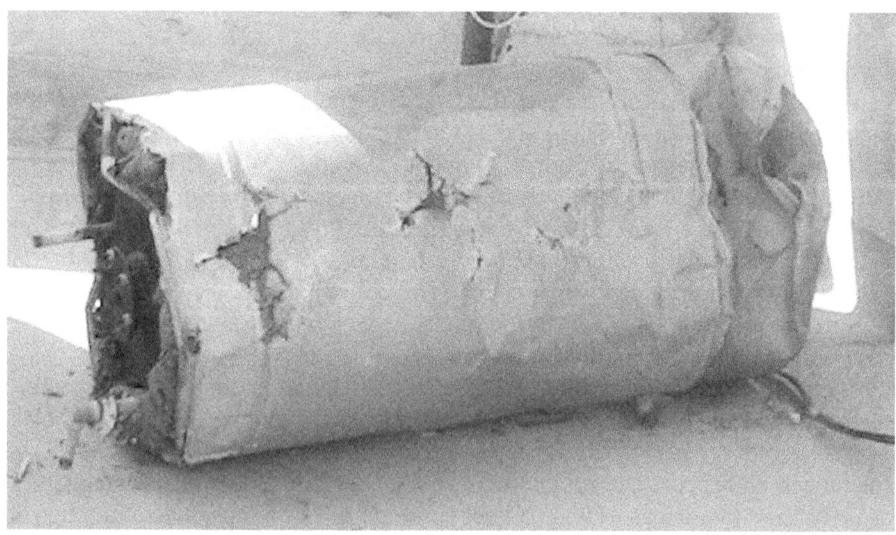

Fig 19: Bidón con balas

Octavo lunes – **De Hebrón a Kawawis**

Hoy es mi último día en Hebrón y me despido de la casa donde nos hospedamos con un "tour". Es una comunidad de vecinos y la parte más interesante es la azotea.

Desde aquí se ven otras azoteas, algunas más elevadas que esta, todas palestinas. En una de esas azoteas más elevadas que la nuestra hay un puesto de vigilancia del ejército israelí, con su garita y una especie de cortina que pareciera una red de pescar, de color verde militar. K. explica que lo tienen ahí ocupando ilegalmente, pero sin autoridad competente a la que acudir, nada puede hacer la familia que vive ahí para intentar impedirlo.

También me señala K. el bidón que está ahí tirado en un rincón del tejado. Son los bidones que se usan para suministrar de agua a todos los vecinos del edificio. Es obvio que los agujeros que tiene son de disparos. Me explica K. que los soldados y los colonos deben de aburrirse terriblemente y se entretienen de vez en cuando disparando a los bidones, que quedan inútiles y las familias que viven en la casa se quedan sin agua el tiempo que se tarde en cambiar los bidones. Fig 19

Fig 20 Pavimento levantado

Mirando hacia la calle, abajo, se ve algo, aparte de las garitas, que tendemos a obviar cuando estamos abajo, pero que desde aquí salta a la vista: la calle levantada justo junto a la entrada de las casas. K. explica que es una práctica común también; levantarles el pavimento para humillarles sólo un poco más y hacerles la vida sólo un poco más imposible. Se hace con una de esas máquinas de las que en un país normal se usan cuando hace falta reparar una tubería que va por debajo del asfalto. Aquí llega la máquina, levanta la calle, no repara nada, y deja el pavimento destruído permanentemente, dejando a quienes vivan en esa casa amargados, teniendo que trepar por los escombros cada vez que tienen que salir y entrar en la casa. A veces la familia puede permitirse el lujo de arreglarlo. A veces, no. Fig 20

Después de hacer la ronda de la mañana y desayunar, me voy a la calle de abajo, camino del control militar en forma de sepulcro con espejos, y hacia la parte viva de la ciudad. Bajo con S., que estará en el sitio donde he estado yo la mayor parte de mi tiempo aquí.

En el control militar hay un niño retenido y le preguntamos al soldado por qué. Nos dice que llevaba un cuchillo con una hoja de seis centímetros de largo y le tiene que detener porque a los palestinos no se les permite andar armados. Esperamos diez minutos y, como no le suelta, le preguntamos que nos enseñe el cuchillo. El soldado nos enseña una bolsa de plástico. Dentro hay, efectivamente, un cuchillo de cocina, dentro del envoltorio en el que se vende en la tienda. La hoja tendrá tres centímetros como mucho. S. le dice al soldado que claramente este chico viene de hacer un recado para su madre, que le habrá mandado que compre esto, y que si hace falta, vamos a traer a la madre. El chico asiente, mirando al suelo. El soldado suelta al chico y cuando nos alejamos del control nos dice que lo ha hecho adrede, para que le detengan y luego lo lleven a la cárcel donde está su padre, para poder estar con él.

Hoy en la calle hay más soldados que de costumbre. Me encuentro con un vehículo militar lleno de ellos, por la misma calle por donde a los palestinos no se les permite otros vehículos que bicis o burros. Los soldados se quedan mirándonos desde la ventana trasera del vehículo y sonríen con sarcasmo mientras nos dicen adiós con la mano, haciendo referencias visuales al incidente de la cámara.

De aquí me voy a Kawawis, como sugirió J.

A veces suena como “Kaguagüis”, otras veces como “Ka-o-ís”, y otras como “Ku-is”, dependiendo de quién lo pronuncie. Es demasiado pequeño para andar preguntando por un servicio hasta ese pueblo desde aquí; tengo que preguntar por Yatta y luego cambiar allí.

Mi primera “parada” es el centro de Hebrón. Una vez en la zona de los taxis pregunto por un servicio a Yatta y un hombre que habla inglés me responde con una pregunta:

“Vas a Kawawis, ¿no?”

“¿Cómo lo sabes?”

“Todos los extranjeros que preguntáis por Yatta, vais a Kawawis.”

Por supuesto. No soy la primera ni seré la última. El hombre me consigue un taxi y me monto.

No hay incidentes en el viaje; ni siquiera hay controles que nos obliguen a bajarnos del taxi. Hasta que nos acercamos a Yatta. Un colono israelí conduce su coche como loco, sin respetar la señal palestina de "stop", casi matando a un grupo de colegialas palestinas y luego haciendo violentos gestos con la mano a un conductor palestino que de hecho se ha parado para evitar un choque.

Una vez en la calle principal de Yatta, que está llena de chicos y hombres palestinos, voy de tienda en tienda, tratando de comprar comida suficiente para los tres días que voy a quedarme allí. Me han dicho que Kawawis es sólo un puñado de casas, sin tiendas.

Se me acerca un señor con barba:

"¿A Kawawis? ¿Sí? Yo te llevo".

Para cuando acaba la frase se ha formado un corro de unos diez hombres a nuestro alrededor. Me dice el tipo que me lleva por veinticinco shekels. Me habían dicho que serían cinco así que le digo que me lo voy a pensar, pero tampoco es que me queden muchas opciones, puesto que es el único taxi que se ve por aquí. Compro algo más de comida, que él me ayuda a comprar y cargar, y nos montamos en su furgoneta. Es la primera vez en Palestina que me monto en un taxi yo sola.

Me lleva por carreteras llenas de montículos de piedras irregulares y "roadblocks", que consisten en bloques de piedra de uno a dos metros cúbicos puestos en medio de las carreteras para hacer el trasporte motorizado imposible. La furgoneta los sortea a duras penas, y en uno de ellos me grita por encima del atronador ruido del motor y las piedras bajo los neumáticos:

"¡Esta carretera, destruida por Israel!"

Lo cual es una observación muy útil, porque, sin esta información, sería fácil asumir simplemente que nunca existió ninguna carretera, ni la intención de hacerla, y lo que estamos siguiendo es sólo el rastro que han dejado otros coches, o que alguien empezó a construir una carretera pero en mitad de la tarea se cayeron estas rocas y no se pudo terminar...

La furgoneta llega hasta otra carretera, perfectamente asfaltada, que corta esta por la que vamos, como casi todas las carreteras israelíes que he visto cortan de cuajo muchísimas "carreteras" palestinas, dejando a la gente aislada. Parece que ésta antes llegaba hasta Kawawis porque se ve un camino de cabras parecido a éste al otro lado de la carretera israelí, que llega hasta un grupo de casas que imagino que es Kawawis. Ahora Kawawis está totalmente aislada y sólo se puede llegar a ella andando.

El taxista hace ademán de acompañarme pero cuando ve que me dirijo derecha a la carretera israelí se disculpa:

"Peligroso", dice. Comprendo perfectamente. No puede ni acercarse. Como potencial terrorista que es, y puesto que la vida palestina no vale demasiado aquí, su mera presencia cerca de una carretera israelí justificaría de sobra que le den un tiro en la cabeza.

Así que allá me voy yo, con mi melena suelta como "prueba" de que no soy palestina, por lo tanto no soy terrorista, por lo tanto no pueden matarme e irse ricamente de rositas. Una vez en el arcén de la carretera tengo que ver a L., que deberá coger este mismo taxi para llegar a Yatta.

Camiones, grandes autobuses y coches, algunos militares, pasan a gran velocidad por esta carretera a la que no la corta nada ni nadie. Imagino que sus pasajeros se preguntarán de dónde demonios salgo y a dónde demonios iré. Camino por el arcén de la carretera buscando a L., cruzando varias veces.

L. y yo por fin nos vemos de lejos y corremos a encontrarnos. Me señala la casa donde me hospedaré, me da la llave, la llevo al taxi y ella se monta con sus bártulos. El taxi se va de vuelta a Yatta y yo me quedo sola en lo que parece el medio de ninguna parte. No hay ningún indicio de vida, aparte de las huellas del taxi en el camino de cabras por donde hemos venido.

Cruzo por fin la carretera por última vez en unos días, y después de caminar unos diez minutos llego junto a unas construcciones de no más de dos metros de altura cada una. La más grande es de un grisáceo oscuro, cuadrada; las demás son en plan iglú, hechas con piedras. Al dar la vuelta a uno de esos "iglús", me encuentro a dos mujeres, una muy vieja y otra más joven, y un hombre, cuya edad podría estar entre las de las dos mujeres, sentados en una especie de plataforma, tomando té y mirándome. Parece que me estuvieran esperando. Me dan la bienvenida, con las poquísimas palabras que saben decir en inglés, y me dan a beber el té más dulce que he probado nunca. Así que aquí me quedo, sentada en el suelo de esta plataforma con la mochila y la compra en el suelo.

Gracias a los grandes esfuerzos que hacen para hablarme en inglés, me entero de que la mujer más vieja y el hombre son matrimonio y la mujer más joven, H., es su hija soltera. Parece que tuviera unos cincuenta años, con algunos dientes de oro y otros simplemente ausentes, que muestra cuando sonríe. Dice que tiene treinta.

Después de dos vasitos de té les indico mis cosas y la llave que me han dado. A su vez ellos me indican el iglú que he venido rodeando y se quedan ahí, mientras yo entro en la casa-iglú cuya puerta abre la llave que me acaban de dar. Como los otros iglúes, está hecho de piedras una sobre otra, haciendo una pared circular, con una lona cubriendo la única habitación resultante. No hay ventanas; la única fuente de luz natural es el hueco de la puerta cuando está abierta. También hay una bombilla colgando del techo, pero solo hay electricidad unas pocas horas al día.

Casi todas las "casas" son como esta desde fuera, así que imagino que por dentro también serán parecidas. Esta tiene varias colchonetas y mantas, lo justo para dormir dos o tres personas. L. ha dejado algo de pan y algunas galletas. Junto a la comida hay un cuaderno donde la gente que ha estado aquí antes que yo ha ido anotando "incidencias" y me siento para leerlas. Todas hablan de colonos maltratando palestinos y de soldados no haciendo nada al respecto; una habla de colonos quemando todo un bosque de olivos.

La gente ha ido firmando lo que ha escrito y reconozco algunos nombres. Son gente con la que he estado en otros lugares de Palestina, y me los imagino aquí, en esta misma casa, en la plataforma tomando té, o levantándose a las seis de la mañana, como cuentan, para ir a acompañar al señor mayor con el rebaño de ovejas. Es casi como si estuvieran todos aquí ahora conmigo.

Termino de leer el cuaderno y al dirigirme a la puerta para salir me fijo en el cartel fijado a ella, hecho a mano, que es un mapa explicando la zona. Fig 21

Hay tres asentamientos. Según se mira hacia el valle, dando la espalda a la carretera para colonos israelíes, uno está a la izquierda, otro a la derecha, ambos sobre las colinas, y el tercero está también a la derecha, pero detrás, al otro lado de la carretera, y no se ve a simple vista.

Los garabatos que se ven entre los dos asentamientos y Kawawis en el mapa hecho a mano indican un campo de olivos y la casa de una familia, allí sola, frente a los dos asentamientos. Si hubiese venido con alguien más, uno de los dos habría ido a visitar a esa familia para que no se sientan tan solos ante el peligro. Pero como he venido yo sola, las instrucciones son quedarme cerca del grupo mayor de casas, sin visitas ni salidas con los rebaños por la mañana, como han hecho otros internacionales antes que yo. Yo debo quedarme aquí fácilmente localizable. De todas formas esas salidas normalmente serían hechas sólo por un voluntario, no una voluntaria, pero esa es otra historia.

Al salir de la "casa" me encuentro a H. y a una niña sentadas a la puerta, fuera. La niña sabe algo más de inglés que H. y dice que es su sobrina. Les invito a comer conmigo pero no entienden. H. se va y su sobrina se queda, y por señas le invito a entrar. Empiezo a comer y le doy algo y comemos algo juntas. Me pide pan para llevar a su hermano, le doy algo de pan, y me pide algo más, ahora para su hermana. Le ofrezco también hummus y me pide galletas. Al cabo de un ratito se pone unas cuantas galletas en los bolsillos y se va, con el bocadillo de hummus en una mano y pan solo en la otra, y me quedo con la certeza de que esta gente pasa hambre.

Por la escasez de comida que pasan se nos dice que al venir aquí comamos solos en vez de aceptar la invitación de comer de su comida con ellos, así que sigo comiendo sola. Pero al poco viene H., que me indica con gestos que vaya con ella a su casa. Le indico la comida y me ayuda a recogerla. Normalmente no se debe

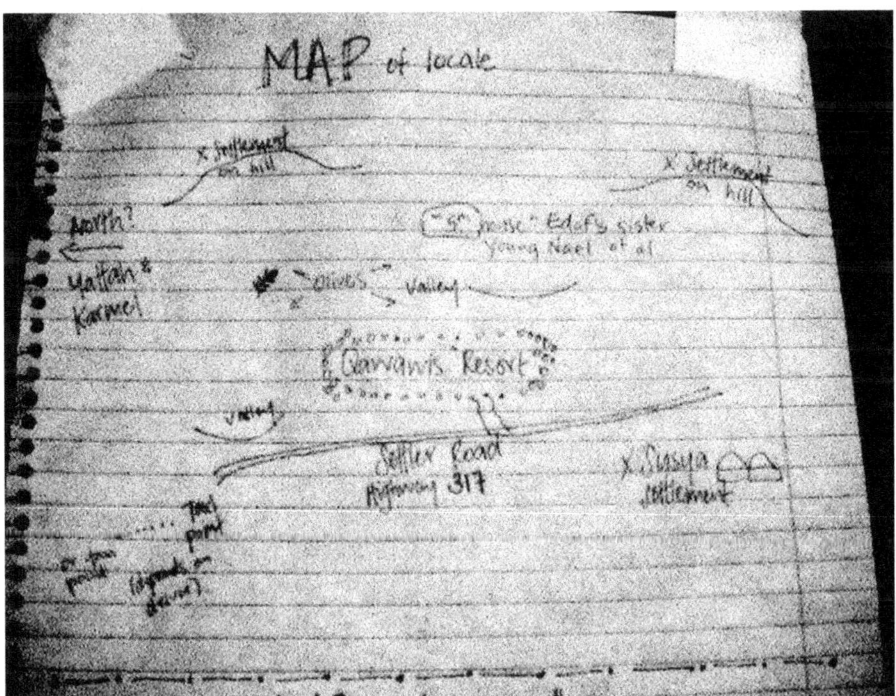

Fig 21 Mapa de Kawawis

llevar comida a donde te invitan; se considera una ofensa. Sería como decirles que no valen lo suficiente para alimentarte. Pero esta familia la recibe con una sonrisa y todos comemos de su comida y de la mía.

Al acabar de comer, y después del té, H. se pone a fregar los cacharros con una cantidad de agua asombrosamente pequeña, con un estropajo raro y una pastilla de jabón de aceite de oliva.

Me levanto para ir a mi cueva a dormir pero no me van a dejar:

"Dos, bien, uno, no bien", dice H., lo que imagino que quiere decir que está bien dormir dos en la casita, pero no una sola. Y, aunque me siento bastante incómoda con el ofrecimiento, no me apetece nada quedarme en esa cueva sola yo toda la noche sabiendo que los soldados de la garita de la colina saben que yo soy la única extranjera aquí.

Así que vamos a la casita-cueva donde se supone que me hospedo yo y cogemos los colchones y mantas que usaré en su casa.

La habitación donde vamos a dormir parece un poco multiusos. Hay agujeros cuadrados en la pared que actúan como ventanas, sin marco ni cristal. También hay un montón de colchones apilados en una esquina y van cogiendo uno por uno, distribuyéndolos por toda la estancia, pegados a las paredes. Ha aparecido un chico de unos veinte años aunque, viendo cómo va envejeciendo aquí la gente, lo mismo tiene quince o menos. También es sobrino de H., que siempre está sonriéndome, siempre intentando conversar lo más posible con nuestras más que limitadas habilidades lingüísticas, y que ha empezado a decir que soy su "hermana".

H. dice sus oraciones y, de nuevo sonriendo, se echa a dormir en un colchón junto al mío, con su hijab. Me la quedo mirando esperando verle el pelo pero no, no se quita el pañuelo. Se va a dormir exactamente con la misma ropa con la que anda por casa y alrededores. Pensándolo bien, no he visto un solo mueble en esta casa, así que probablemente ninguno de ellos tendrá ninguna otra ropa que la puesta.

Octavo martes -**Harina USAID**

A las ocho de la mañana el sol entra a raudales por las ventanas sin cristales en la habitación. La pareja parece que se ha levantado ya; su colchón no está ya ahí. Su nieto se ha ido también. Me acuerdo entonces de lo que leí ayer en el cuaderno de bitácora: que sacan las ovejas hacia las seis de la mañana.

H. está diciendo sus oraciones levantada, con los ojos cerrados y balanceándose de vez en cuando. Cuando termina de rezar ponemos todos los colchones y mantas en la esquina donde parece que se guardan y le ayudo con el desayuno, que consiste en un té que se hace a base de hierbas recogidas por la zona.

Pegados contra una de las paredes hay un montón de sacos llenos de lo que luego resultará ser harina, con la palabra USAID escrita en cada uno de ellos. Al acabar de desayunar H. coge uno de ellos y saca algo de harina, poniéndola sobre un saco viejo abierto, en el suelo. Luego coge otro saco y saca algo más de harina. Esta es más oscura. Va a hacer pan con harina blanca e integral mezcladas.

Cuando termina, guarda el pan y le ayudo a limpiar el suelo donde ha estado trabajando. Sus padres entran en la casa y tomamos té. Después de pasar algo más de tiempo compartimos algo de comida y luego el padre se marcha.

Octavo miércoles - **Día de visita**

Hoy es día de visita. Un montón de nietos de la madre de H. vienen a verla. Han tenido que venir andando, cruzando la carretera que hace de muro.

Los chicos mayores sólo dicen hola y algunos se me quedan mirando. Los más pequeños me ignoran y besan a su abuela con veneración, primero en la mejilla, luego en la mano, y luego agachan la cabeza para poner la frente sobre esa misma mano que acaban de besar. Entonces la abuela les pregunta quién es, y ellos contestan, y la abuela asiente, reconociéndoles. Así se repite el ritual con todos los nietos que han venido a verla, uno por uno.

En medio de la visita, llegan unos hombres y se quedan de pie, hablando. Miro a H. y me dice que estos también son primos suyos y nietos de su madre que están de visita. Siguen hablando entre ellos en árabe hasta que uno de ellos me mira y dice:

"Colonos."

Me levanto pensando que ahora me llevarán a donde sea que los colonos locales estén causando problemas. Con su inglés básico dice:

"No, ahora no. Hace días."

Me siento de nuevo en el suelo.

La situación en Kawawis es muy similar a la de Yanoun. Hace unos años los colonos acosaron al pueblo con tal saña que los palestinos huyeron, y sólo accedieron a volver con la condición de que hubiera internacionales aquí continuamente.

Cuando los visitantes se marchan, la mujer mayor se va a la habitación donde dormimos todos. Cinco veces al día se va a esa habitación a rezar. Cada vez, H. se queda conmigo, y cuando vuelve su madre, entonces va ella, de tal forma que nunca me dejan sola.

Octavo jueves - **El periodista**

Recibo una llamada diciéndome que hoy tendremos la visita de E., un activista israelí que viene aquí regularmente a recoger información sobre incidentes de los que hay que informar y, en general, a dar apoyo moral.

E. viene con un periodista irlandés que me hace un montón de preguntas mientras E. habla con la gente del pueblo en árabe. Está claro que el periodista no tiene ni idea de qué va esto. Hasta me pregunta si realmente me siento segura, estando yo sola aquí con tantos palestinos. Cuando me repongo de semejante pregunta y logro entender de qué va, le respondo:

"Mire, nos veneran. Lo único que me hace sentirme insegura es ese puesto militar de allí, y los colonos que habitan los tres asentamientos que no podemos ver."

Ni siquiera sabe dónde están los asentamientos, lo que hacen allí ni lo que hacemos nosotros aquí.

Pero no ha venido a averiguarlo ni ver cómo es la vida cotidiana aquí. Él ha venido aquí solamente a sacar fotos de las pruebas de los incidentes de los que el primo de H. hablaba antes, así que me interrumpe para preguntarme qué vi yo cuando los colonos quemaron los olivos. Sólo me da tiempo a decirle que no estaba aquí, y me da la espalda en el medio de mi frase, ignorándome ya.

E. se lleva a su periodista al campo donde los colonos israelíes han quemado recientemente todos los olivos, que eran buena parte del sustento de la aldea, y ese es el final de la visita de esta semana.

Octavo viernes - **Noticias de Jayyous**

Me despierto sola así que me levanto y desayuno con la comida que traje conmigo. Oigo el sonido de un motor y voy a ver qué es. Dos hombres, uno a pie y otro en un tractor, siembran los campos de alrededor de la aldea.

Me pongo a observarles sin disimular, especialmente cuando trabajan en la tierra cerca de la carretera israelí que tuve que cruzar para venir aquí.

Después de unos minutos un vehículo militar israelí baja por la carretera y se para. Antes de que ninguno de los ocupantes se baje del vehículo militar, los hombres palestinos se alejan de la carretera. Este año en esa parcela de terreno no crecerá nada.

Doy una vuelta por la aldea y se me acerca un niño que me invita a la casa de su familia. Efectivamente la casa-iglú es igual que la de los internacionales, solo que ésta está llena de gente. En medio de la habitación hay una hoguera pequeña calentando el té del que todos bebemos. Debe de haber unas veinte personas aquí, entre la mujer mayor que parece que es la madre y gente joven de diversas edades, quizás hasta veinte años. Todos, incluso el más pequeño que no tendrá más de dos años, tienen la piel morena y curtida. Me dicen que viven en el pueblo de al lado durante la semana con hermanos o tíos y vienen aquí los viernes para estar con sus padres. Mucho antes de hacerse de noche los niños se van porque solo pueden volver andando.

Vuelvo a la casa de H. y sus padres y vamos a la cueva donde tienen las ovejas cuando hace frío. Recolectamos todo el estiércol de oveja y H. la pone en bolsas. Luego ponemos las bolsas aparte para almacenarlas. Cuando acabamos, comienzo a hacer mi equipaje porque hoy debería ser mi último día aquí. Después de comer recibo una llamada de mi reemplazo. Cojo la mochila y me despido, y se repite la escena del taxi que deja una persona y recoge a otra, solo que esta vez soy yo quien se va.

No me voy de aquí para sustituir a nadie. Me voy a Jerusalén, lista para montarme en un avión. No sin antes pasar por los controles militares, por supuesto.

En el taxi en que me monto en Yatta hay otros tres pasajeros pero el viaje transcurre en silencio. Según nos acercamos a un control militar itinerante, el pasajero que va a mi lado parece que se pone nervioso:

"Puedo pedirle un favor", me dice en voz baja. "Si nos piden identificación. Tengo, pero en casa. ¿Les diría que estoy con usted?"

"Claro. Les digo que es mi guía."

Afortunadamente, cuando llegamos al control militar itinerante, el soldado a cargo de esta fila de coches no nos hace salir del taxi. Se dobla para mirar por la ventanilla del pasajero, ve mi cara occidental y dice "váyase" con la mano. No han comprobado nuestros pasaportes o identificaciones. Mi "guía" parece aliviado.

En la primera parada de este taxi, mucho antes de Jerusalén, se baja. No entiendo las palabras que habla con el taxista pero por la manera en que me señala mientras habla con él, y la rápida ojeada del conductor, imagino que va a pagarme el viaje. Comienzo a protestar pero el hombre se va rápidamente.

"Te ha pagado el viaje", me dice el taxista. Le miro a través de la ventana trasera y veo que sus labios dicen:

"Gracias."

El último vehículo en que me monto es uno de esos furgoneta-taxis que espera a llenarse para salir. Busco un asiento libre y una voz familiar me llama por mi nombre. Miro a los asientos ocupados y veo a G., una de las personas que se quedaron con Abu A. después de que J. y yo nos fuimos en el coche de O. Me siento junto a él, contenta de tener a alguien conocido con quien hablar, y nos ponemos al día con nuestras historias.

G. ha pasado ya unos cuantos meses en Jayyous y para él Abu A. es un amigo para toda la vida. Cuando J. y yo estuvimos allí, Abu A. ya se había gastado todo el dinero que pudo conseguir de la venta de todas las joyas de su mujer tratando de obtener una orden judicial que parara la expansión ilegal del ya ilegal asentamiento Israelí en su tierra. La orden judicial fue emitida, eso ya sabíamos. Desde entonces, ha habido máquinas excavadoras en su tierra, protegidas por el ejército Israelí, arrancando de cuajo sus olivos. Luego más máquinas han estado en su tierra quitando tierra, preparando los cimientos para nuevos edificios. Esto también lo sabíamos.

"Ganó el juicio," me dice G., "pero ya están construyendo. Podría ir a juicio de nuevo si tuviera dinero, pero no cambiaría nada. Ya están construyendo en su tierra."

Cierro los ojos, para ver más claramente, en mi cerebro, la tierra que conocí en Jayyous, con los olivos arrancados de cuajo recientemente, hasta con algunos pequeños brotes de olivo saliendo de la tierra donde los árboles habían estado. E intento imaginar las excavadoras destruyendo eso también.

"Hechos sobre el terreno, ya sabes."

Sí, ya sé.

EPÍLOGO

Cuando vine, no sabía demasiado bien para qué había venido aquí. Pero eso no es lo más importante. He estado con la gente que sabe de sobra para qué nos necesita. Y nos han puesto, me han puesto, en los lugares donde era necesaria, diciéndome, en ocasiones exactamente, qué era necesario hacer. Nunca se quejaron, pero siempre fui consciente de que necesitan más nacionales de países privilegiados. Mientras siga esta humillante ocupación, siempre necesitarán de la solidaridad internacional.

En ocasiones ha sido difícil, aunque puede que las situaciones más difíciles hayan sido las más triviales, o las que nadie se habría esperado que fueran difíciles.

Fueron difíciles los malentendidos con los colegas. Los malentendidos con los soldados fueron frustrantes. Luchar con el enemigo no es tan doloroso como luchar con tus amigos.

La razón "oficial" para escribir esto es para denunciar la situación en Palestina y así intentar cambiarla, a mejor. Una razón más personal es para nunca olvidar.

No quiero olvidar a M., que no paraba mientras nos explicaba cosas. Parecía que bailaba delante de nosotros mientras garabateaba en la pizarra blanca, y nunca dejaba de sonreír.

No quiero olvidarme de N. y sus hijas. Y su conocimiento. Y su ayuda.

No quiero olvidar a R.,que siempre nos saludaba en árabe, quizá con la esperanza de que lo aprenderíamos.

No quiero olvidar a C., de EAPPI, al que conocí en un sitio y luego le vi otras veces en otros lugares, y nos dio la sensación, entre tantas caras desconocidas, de que nos conocíamos de toda la vida.

No quiero olvidar a todas las mujeres que nos han presentado a sus hijos y nietos, y nos han ofrecido la poca comida que tenían.

Aunque no le conocí, nunca olvidaré a R., que fue arrestado mientras yo viajaba por Palestina en la cárcel mientras yo estaba en Hebrón, y deportado después de que yo salidera de Palestina.

No quiero olvidar a D., que visitó a R. mientras pudo, y que luego nos envió informes sobre R. y sobre sí mismo, y que luego fue también arrestado y después deportado. Para no ser admitido nunca más en Israel ni en Palestina por las autoridades israelíes.

La única manera de mantener una presencia internacional continua que de alguna forma limite y documente las violaciones de derechos humanos, es mantener un flujo constante de gente occidental que viaje a Palestina y pase un tiempo allí.

Pasar unas semanas, o meses, en Palestina, acompañando a palestinos en su lucha diaria y compartiendo sus dificultades, es un acto de solidaridad que es necesario y también muy apreciado. Es un acto humanitario de compartir el privilegio de ser un digno ciudadano de un país respetado con gente que no tiene ese privilegio y está sufriendo por ello.

Me llevo a casa muchas cosas, pero una de ellas es un grito claro de socorro de los palestinos a nosotros, ciudadanos de países ricos, puesto que nuestros gobiernos no están haciendo honor a sus declaraciones de buenas intenciones. En concreto, nos piden que hagamos lo que podamos en tres aspectos:

ir allí y compartir su vida diaria

documentarla y contarla una vez de vuelta en casa

boicotear productos israelíes

No existen palabras para expresar el agradecimiento que sienten los palestinos cuando un ciudadanos de un país rico hace cualquiera de esas cosas.

www.ingramcontent.com/pod-product-compliance
Lightning Source LLC
LaVergne TN
LVHW020318230826
846091LV00003B/726

* 9 7 8 1 9 0 8 0 9 9 0 1 3 *